"遗"脉相传 ①

精美绝伦的传统美术

魏景旭 ○ 著

钢琴节奏 ○ 绘

天津出版传媒集团
天津科学技术出版社

目录

04	13	23	33	43
第一节	第二节	第三节	第四节	第五节
千变万化的薄薄纸张——剪纸	源远流长的手工艺品——香囊	和泥人张一起了解巧手匠心传承——泥塑	为节日增添灿烂夺目光彩的民间艺术——灯彩	丑果核的华丽蜕变——核雕

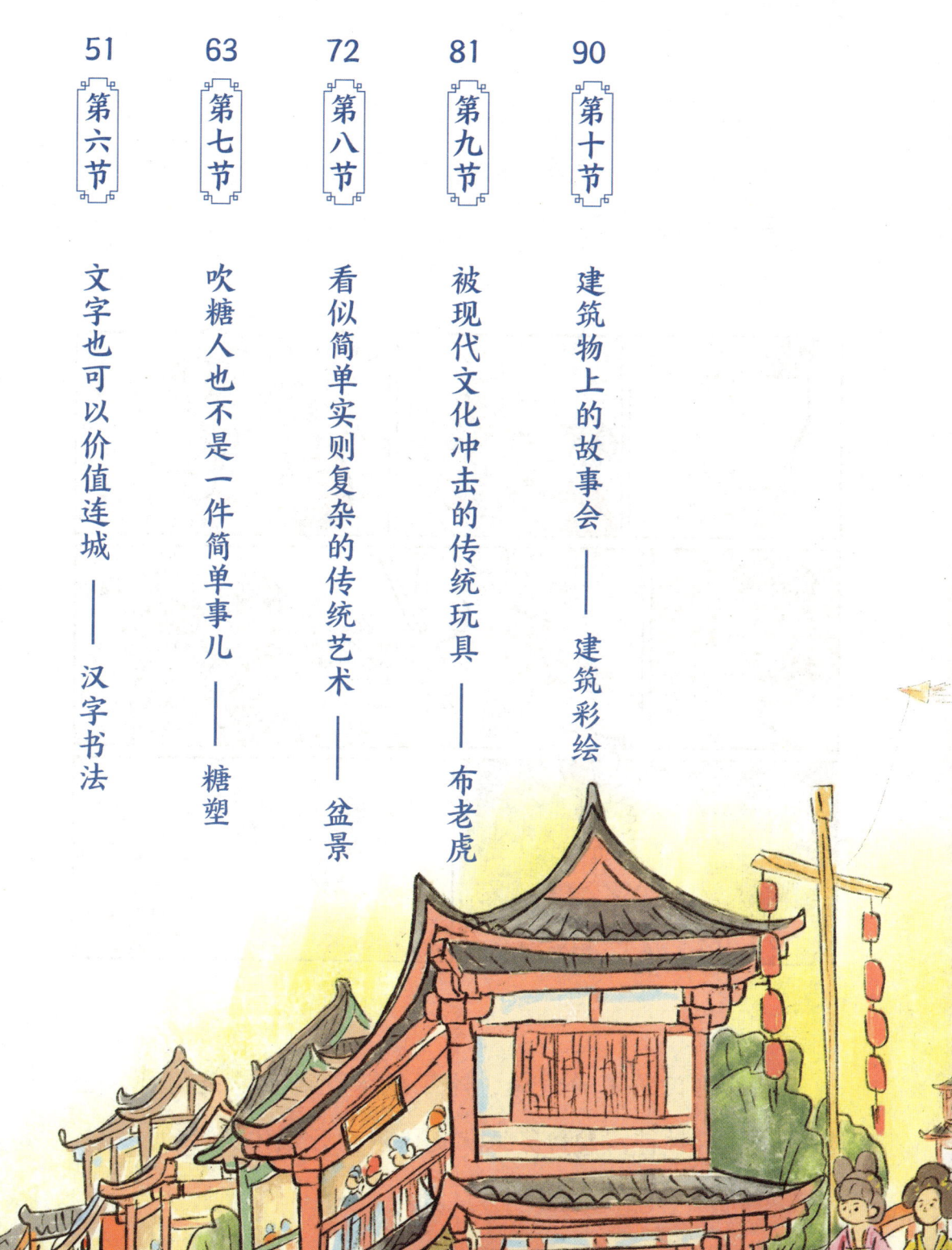

节	页码	标题
第六节	51	文字也可以价值连城——汉字书法
第七节	63	吹糖人也不是一件简单事儿——糖塑
第八节	72	看似简单实则复杂的传统艺术——盆景
第九节	81	被现代文化冲击的传统玩具——布老虎
第十节	90	建筑物上的故事会——建筑彩绘

第一节　千变万化的薄薄纸张——剪纸

　　一张朴素的纸一旦落入剪纸手艺人的手中，它的蜕变之路就开始了！经过剪刀的修饰，它就会变成形式多样、图案漂亮的剪纸。

　　剪纸这门艺术的载体，除了纸张，还可以是树叶、金银箔等片状材料，最初剪纸就是以树叶为载体出现的。

西周初年，周武王姬发驾崩，年幼的成王即位。周公姬旦担心天下尚不稳定，会有人趁机叛乱，于是自己代替成王处理国家政务。有一天，周成王和弟弟叔虞一起玩耍时，随手捡起一片桐叶，把它剪成了玉圭的形状，说："叔虞，我用这个封你做唐侯。"叔虞也学了大臣们的样子，跪在地上双手接过桐叶谢恩。兄弟俩玩得开心，在一旁的史官却当真记录下来，周公得知后称"天子无戏言"，周成王只能信守承诺。

这就是"桐叶封弟"的历史典故，也是可以追溯的关于剪纸艺术的最早记录。

龙博士知识点

玉圭,是上古重要的礼器之一,也是一种瑞信之物,是古代帝王、诸侯朝聘、祭祀、丧葬时所用的玉制礼器。其外观呈长条形状且上尖下方,其形制的大小会因爵位及用途的不同而异。

叔虞因封地在唐国,史称唐叔虞。他死后,他的儿子燮父继位,并将国号改为晋,尊叔虞为始祖。不过这个晋国和后来的晋朝可没有关系哦。

看完"桐叶封弟"的故事后,聪小明和龙懒懒又瞬移到了另外一处陌生的地方。

聪小明看到一棵梅树下躺着一名古装女子,惊讶地问:"龙懒懒,那是谁?"

"我们现在到达南朝啦,那是寿阳公主,她和剪纸的故事也很出名呢。"龙懒懒说完,又开始讲起了寿阳公主和剪纸的故事。

相传南朝时，某年农历正月初七的下午，宋武帝刘裕的女儿寿阳公主与宫女们在宫廷中玩闹嬉戏，玩累了便躺在了含章殿的檐下休息。当时正逢梅花盛开，微风吹过，一朵小小的梅花落在了寿阳公主的额头上。这使得本就美丽的寿阳公主看上去如同睡着的花仙子一般。

梅花与汗水交汇，在寿阳公主的额头上留下了淡淡的花痕。寿阳公主醒来后也觉得十分好看，三天后才舍得将花痕洗掉。之后，宫中的妃子和宫女纷纷模仿，这种装扮也有了"梅花妆"的妙称。但是梅花凋落，那么梅花妆便就不存在了。为了让这种美丽的妆容更持久，便有人用纸剪出了梅花的图案贴在额头上，代替真正的梅花。

梅花妆

谁能想到，南朝的剪纸不但是物品的装饰，还是美妆界的时尚单品呢？

听完"梅花妆"的故事后,聪小明和龙懒懒再次瞬间转移。这一次,聪小明看到了一群正在逃难的人。

没等聪小明说话,龙懒懒抢先说:"现在我们来到唐朝啦,这是杜甫和他的家人们。"

聪小明好奇地问:"他们为什么逃难啊?"

"我正要给你讲呢。"说完,龙懒懒讲起了杜甫和剪纸的故事。

安史之乱中，唐军在潼关大败，杜甫从白水县（今陕西省白水县）带着家人一路向北逃难。杜甫由于太过劳累，甚至陷进了蓬蒿里无法前进。幸好他的表侄发现他走丢了，回头找他，帮他脱离了险境。

但杜甫一家一路困境重重：路过彭衙时，他们饥寒交迫，女儿被饿得哇哇哭，儿子饿到采摘路边的苦李子充饥。更糟糕的是，他们又碰到了雷雨天，只能蹚着泥水艰难前行。

万幸的是，杜甫一家终于抵达同家洼，来到了友人孙宰家。孙宰立刻给他们烧热水洗脚，还将剪纸贴在门外给落魄的杜甫一家"招魂"（古代民间迷信习俗）。于是便有了《彭衙行》中这句"暖汤濯我足，翦（剪）纸招我魂"。虽然"招魂"并不存在，但在当时，却足以表达了孙宰对杜甫出手相助，真切关怀的美好情感。

到了唐朝，剪纸这门艺术已经到了大发展时期。这时剪纸已经不单单是装饰品了，它已经被赋予了一些象征美好愿景的意义。

到了明清，剪纸这门艺术达到了鼎盛，剪纸艺术的普及以及运用更加广泛，甚至形成了不同地方风格流派。

杜甫

杜甫，字子美，自号"少陵野老"，唐代伟大的现实主义诗人，与李白合称"李杜"，被后人称为"诗圣"，他的诗被称为"诗史"。

彭衙

彭衙，春秋秦邑，即今陕西省白水县。

孙宰

宰：唐时尊称县令为宰。孙宰即孙姓县令。

翦（剪）纸招魂：这是古代社会的一种迷信习俗，剪纸为幡，用来招死人的魂，当时也常被用来为病人招魂。

怎样进行剪纸呢?

快来跟龙博士一起动手剪一朵小花吧!

❶

选一张正方形的纸,将纸如图对折,变成三角形。

❷

找到三角形最长边的中点,用量角器找到60°角和120°角,分别画出两条线,再沿线对折。

❸

找到中心点再次对折,将60°角一分为二。

❹

画上花纹。

❺

沿花纹裁剪,注意不要剪断。

❻

打开,一朵小花就完成了。

第二节 源远流长的手工艺品——香囊

不但人靠衣装，中药材有时也要靠包装。当带有香气的中药材与漂亮的布袋相遇后，它们的优点便交织融合在一起，一个既好看又芳香还健康的中药香囊就诞生了。

在古代传说中，无论是大山还是小丘，都有神灵镇守。如果老百姓贸然登山，很可能会遭遇灾祸，于是便有了"太华之下，白骨狼藉"这句俗语。

在古代，老百姓要想登山，须懂得登山的"道法"。至于登山的"道法"，《抱朴子》说："凡为道合药，及避乱隐居者，莫不入山。"（凡是修炼道术、合制仙药，以及避乱隐居的人，就没有不进入山中的）

其实《抱朴子》中所说的仙药，大概就是艾叶、雄黄等中草药。这些中草药有驱虫的功效，带上它们，就可以避免被山上的毒虫毒蛇袭击。

龙博士知识点

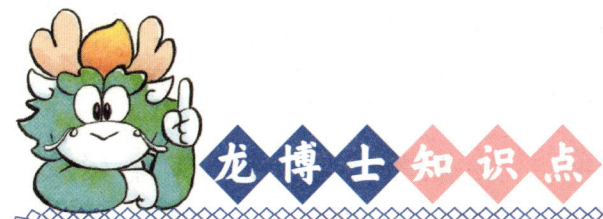

《抱朴子》是东晋葛洪所著的道教典籍，分为内、外篇。这本著作对后世道教理论体系的建构产生了深远影响，上述文字记载于《抱朴子内篇·登涉》，是内篇中的第十七卷。

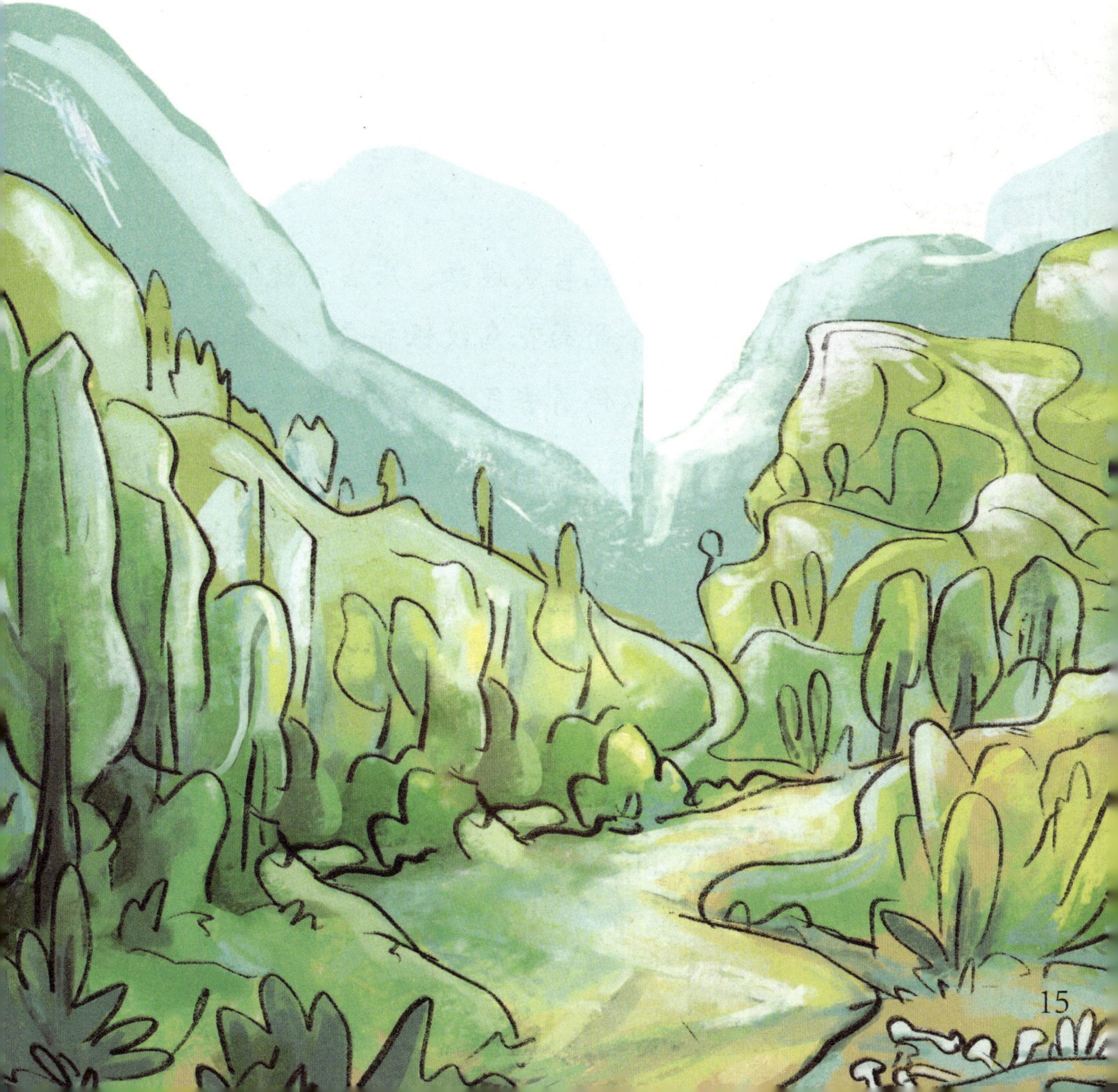

聪小明恍然大悟道:"我明白了!道法是驱虫的方法,仙药则是装着具有驱虫功效的药材的香囊。"

"没错,就是这样!"龙懒懒说完,直接带着聪小明来到唐朝。

"咦,这里又是哪里?"聪小明好奇地问。

"这里还是唐朝,在剪纸的历史中,我们提到了安史之乱,接下来的故事也和安史之乱有关。"

唐朝杨贵妃天生貌美,唐玄宗极其宠爱她。唐玄宗为了讨杨贵妃欢心,开辟了从岭南到长安的几千里贡道,只是为了让自己心爱的妃子能吃到新鲜的荔枝。

因杨贵妃喜欢跳舞,唐玄宗就赠予了她一个葡萄花鸟纹银香囊,希望杨贵妃可以伴着香气起舞。香囊在漫长的历史进程中,外观逐渐变得精美,其用途和意义也有了新的扩展。唐朝时期的香囊就被赋予了象征爱情的意义。

这个香囊造型十分精美，由此可见杨贵妃在唐玄宗心中的地位极高。

龙博士知识点

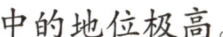

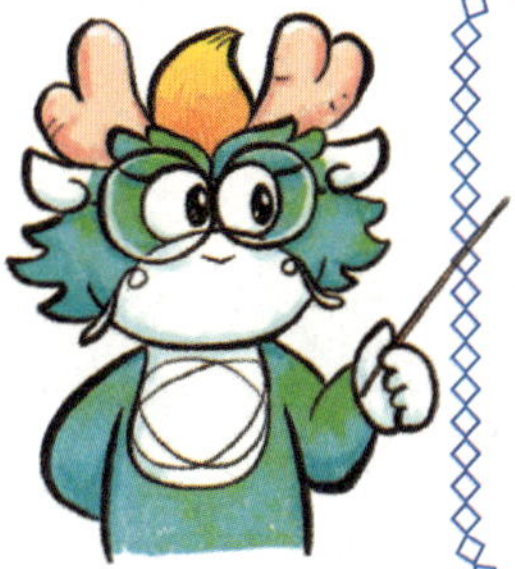

杨贵妃

原名杨玉环，道号太真。唐朝时期后妃。与西施、王昭君、貂蝉并称中国古代四大美人。

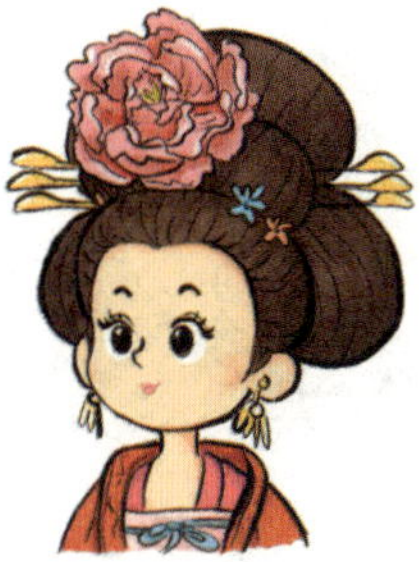

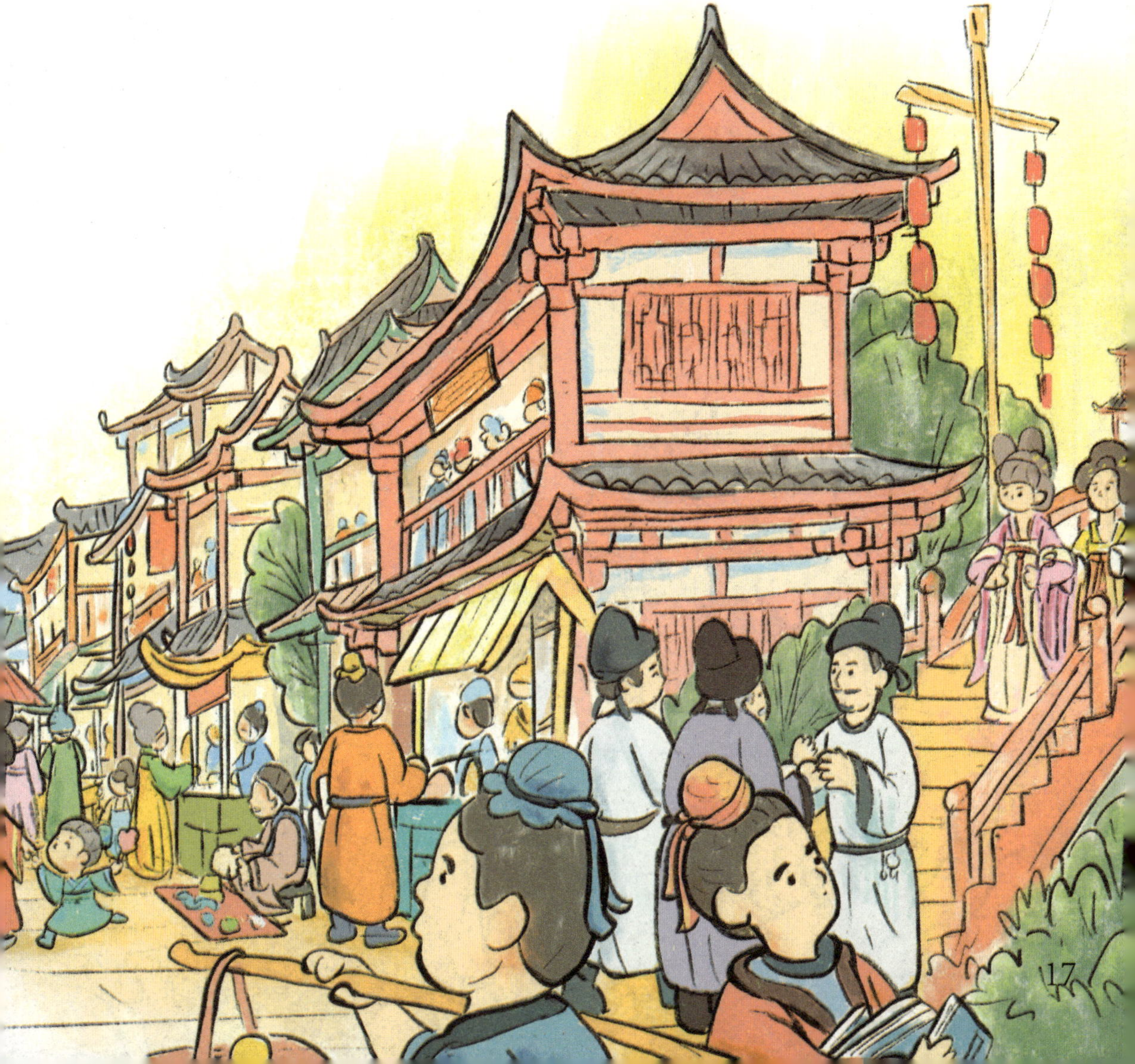

晚年的唐玄宗不仅沉湎酒色，还信任杨贵妃族兄——"奸相"杨国忠，混乱与腐败刮遍了唐朝的每一寸土地，随之而来的是一场大动乱——安史之乱爆发了。

龙博士知识点

安史之乱是中国唐代玄宗末年至代宗初年（755年至763年）由唐朝叛将安禄山与史思明发动的战争，是唐朝由盛转衰的转折点。

挑起安史之乱的主角名叫安禄山，他和杨国忠向来不和，于是他以诛杀奸臣为借口，发起了叛乱。不久，叛军攻占了潼关。唐玄宗带着杨贵妃逃离长安。途经马嵬驿时，禁军将领认为杨贵妃是安史之乱的源头，逼迫唐玄宗赐死杨贵妃。

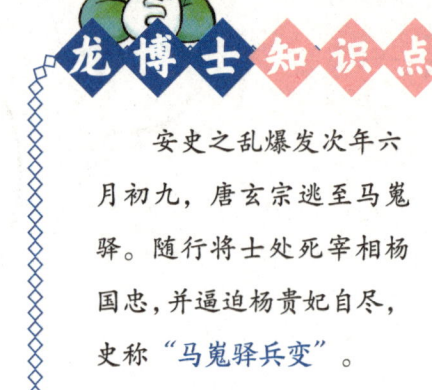

龙博士知识点

安史之乱爆发次年六月初九，唐玄宗逃至马嵬驿。随行将士处死宰相杨国忠，并逼迫杨贵妃自尽，史称"马嵬驿兵变"。

虽然安史之乱的爆发和杨贵妃是否有关在今天仍旧存在争议，但当时的唐玄宗迫于无奈，只能

杀了杨贵妃安抚士兵,并将杨贵妃就地安葬,其中一件陪葬品便是那银香囊。这就是有名的"马嵬驿兵变"。

安史之乱平定后,唐玄宗依旧没有忘记杨贵妃,于是他下令将杨贵妃的尸骨迁葬,但亲信只带回了"肌肤已坏,而香囊犹在"几个字。

这件葡萄花鸟纹银香囊如今收藏于陕西历史博物馆中。银香囊背后的大唐沉浮以及唐玄宗、杨贵妃的凄美爱情故事,都已经消散在历史长河中,令人唏嘘不已。

怎样制作香囊呢？

龙博士今天要用最简单的工具制作一个漂亮的香囊！

龙博士互动课堂

❶
准备一个口罩，将四周的边缘剪下来，留下蓝色的部分。

❹
装入薰衣草或艾草。

❼
将流苏绑在香囊上，如果有贴纸，可以在香囊上贴一张好看的贴纸。

❷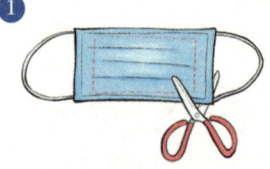
在上下两条长边上贴双面胶。

❺
用口罩绳子在开口处绑一个漂亮的结。

❸
将双面胶对折，粘到一起，并且翻面。

❻
用剩余的材料剪出流苏，随后卷在一起。

第三节 和泥人张一起了解巧手匠心传承
——泥塑

虽然女娲造人是神话故事，泥人也不可能拥有生命，但泥塑手艺人却仿佛拥有神力：泥巴落在他们的手中，只需捏上几捏，就能变成生动形象的泥塑作品。即便那些泥塑不会说话，但它们的神态和动作却仿佛在诉说着它们各自的故事。

泥人张走进"天庆馆",聪小明正要去打招呼,却看见一个肥头大耳、大腹便便的人十分高傲地走进来。

其他人见了,都很客气地叫他"五爷"。

龙懒懒小声说:"他叫'海张五',和天津卫的官儿有亲属关系,所以他贩卖盐巴不用交税,因此而发家。"

只见"海张五"看了"泥人张"一眼,随后嘲笑起来:"哟,这不是'泥人张'吗?你那些破泥人就算贱卖都没人要。"

"泥人张"没理"海张五"。

"海张五"继续说:"就是一个臭玩泥巴的。"

龙博士知识点

"泥人张"原名张明山，出生于浙江绍兴，六岁的时候跟随父亲来到天津，他家境贫寒，父亲以制作泥玩具为生，他能有后来的成就，可以说是受到了父亲的影响。

"泥人张"依旧不理他，只是从鞋底抠下一块泥巴，单手握住，十指飞快地摆动，不一会儿的工夫，泥球就被捏成了"海张五"的大脑袋。

聪小明凑过去一看,那颗脑袋被捏得栩栩如生,甚至能够从泥塑中看出"海张五"嚣张的性格,忍不住拍手叫好。

"泥人张"也不说话,直接离开了,"海张五"还气急败坏地继续叫骂。

第二天,龙懒懒又带着聪小明去了"泥人张"的摊位,"泥人张"捏了一排"海张五"的泥像,正贩卖呢,旁边还写着"贱卖海张五"几个大字。

过了没多久,原本嘲讽"泥人张"的作品贱卖都没人要的"海张五"只能花高价把自己的泥像全都买走了。

聪小明正要夸奖"泥人张"了不起,可他瞬间转移到了另外一个地方……

栩栩如生是汉语成语,它的意思是画作、雕塑中的艺术形象生动逼真,就像活的一样。

这次来到的地方有很多陶俑,聪小明激动地大喊起来:"我知道,这里好像是秦始皇的陪葬墓坑,这些是兵马俑。"

龙懒懒点头说:"没错,这些就是被誉为'世界第八大奇迹'的兵马俑。如果说'泥人张'是近现代最具代表性的泥塑技艺,那么兵马俑就是华夏大地最有代表性的泥塑成就。"

聪小明好奇地问:"兵马俑也是泥塑吗?它们是怎么制造出来的?"

龙懒懒很骄傲地讲起了兵马俑的故事——

古代皇帝为了彰显自己高贵的身份,一般都会将自己的坟墓修建得特别大特别华丽。皇帝的坟墓还有专属称呼"陵",这足以看出皇帝对自己死后的归宿有多重视。很多皇帝不知道自

己能活多久，因此从登基那一天起就会开始修建自己的陵墓，秦始皇便是其中之一。

龙博士 知识点

兵马俑位于陕西西安，是"世界第八大奇迹"。

秦始皇

秦始皇是中国历史上首位皇帝，其主要成就有统一六国、开创帝制、统一文字货币度量衡、修建长城和兵马俑等。

相传秦始皇登基后便开始着手修建自己的陵墓。为此他不仅从全国各地调来70万民夫，耗时39年才修建完成。秦始皇还对丞相李斯说，要在民间征集数千名童男童女给他殉葬。李斯认为修建陵墓已经劳民伤财，惹得民怨沸腾，如果再征集数千名童男童女，天下必定大乱。但如果不听秦始皇的话，李斯就违背了圣意，性命堪忧。为了找到平衡利弊的方法，他焦虑不已，最终他想到了用陶俑代替童男童女。

相传秦始皇登基后便开始着手修建自己的陵墓。为此他不仅从全国各地调来70万民夫，耗时39年才修建完成。秦始皇还对丞相李斯说，要在民间征集数千名童男童女给他殉葬。李斯认为修建陵墓已经劳民伤财，惹得民怨沸腾，如果再征集数千名童男童女，天下必定大乱。但如果不听秦始皇的话，李斯就违背了圣意，性命堪忧。为了找到平衡利弊的方法，他焦虑不已，最终他想到了用陶俑代替童男童女。

己能活多久，因此从登基那一天起就会开始修建自己的陵墓，秦始皇便是其中之一。

龙博士知识点

兵马俑位于陕西西安，是"世界第八大奇迹"。

秦始皇

秦始皇是中国历史上首位皇帝，其主要成就有统一六国、开创帝制、统一文字货币度量衡、修建长城和兵马俑等。

龙博士知识点

劳民伤财是汉语成语,它的意思是既让人民劳苦,又浪费钱财,现在多用于比喻滥用人力物力。

民怨沸腾是汉语成语,它的意思是人民的怨声像开水在翻滚一样,形容人民对黑暗腐败的统治怨恨到了极点。

在李斯的劝诫下,秦始皇最终同意了他的建议,但在人力、物力和技术都有限的古代,制作那么多的陶俑也是一个难题。那些被招来的工匠没有能烧出陶俑,很多工匠因此丢了性命。最后终于有人想到了将陶俑分段烧制,再进行组装的方法……

就这样,为后人惊叹的"世界第八大奇迹"诞生了。

怎样制作泥塑呢?

今天龙博士要制作一个简单的小泥塑!

①

先构想出想要制作的泥塑形象,比如一个小茶壶。

②

分别制作出茶壶的盖子、壶嘴、把手、壶身等部件。注意,需要掏空的部件要手动掏空。

③

将所有部件按照心中的泥塑形象组合到一起,一个泥塑茶壶就做好了!

第四节 为节日增添灿烂夺目光彩的民间艺术——灯彩

当古人将自己的浪漫和审美融入工艺彩灯后,绚烂夺目的花灯就出现了。这门艺术的出现,让原本生活在水中的鱼来到了地面上,让存在于神话中的龙出现在了街道上……

光芒从花灯的内部透射出来,形态各异的花灯便闪耀出五光十色的梦幻美。

对"灯彩"这两个字我们可能会感到有些陌生,但对灯笼却比较熟悉。灯笼其实也是灯彩的一种,它也是灯彩最古老的形式之一。在古代,它是一种手提式照明工具。在很多古装影视作品中,我们也可以看到灯笼的身影,它通常都作为照明工具出现在场景中。

灯笼也是古诗词中的常客,我们可以在很多古诗词中看到它的身影。南宋诗人陆游就在《病起书怀》中写道"夜半挑灯更细看"。

陆游

字务观,号放翁,南宋文学家、史学家、爱国诗人,存世诗歌九千多首。名句有"位卑未敢忘忧国""书到用时方恨少,事非经过不知难"等。

秦桧

南宋初年宰相,主和派代表人物,奉行割地、称臣、纳贡的议和政策。他极力排斥抗金将士,是中国历史上著名的奸臣之一。

陆游因为受到秦桧排挤而仕途不顺,后来又因为坚持抗金,被主和派的人排斥。淳熙二年,陆游和范成大结为莫逆之交,但却被主和势力诋毁,说他不拘礼法。范成大迫于压力,只能罢免了陆游的官职。淳熙三年,五十二岁的陆游被免职后大病了一场,病愈后挑灯夜读《出师表》并写下《病起书怀》这首千古名诗。

病起书怀

病骨支离纱帽宽,孤臣万里客江干。
位卑未敢忘忧国,事定犹须待阖棺。
天地神灵扶庙社,京华父老望和銮。
出师一表通今古,夜半挑灯更细看。

注:
阖棺:指死亡,诗中意指盖棺定论。
庙社:宗庙和社稷,以喻国家。
京华:即京城。
和銮:同"和鸾",代指"君主御驾亲征收复大好河山"的景象。

陆游因抱病在身，虚弱消瘦，以至于头上的纱帽都显得宽大了，孤立无助的他居住在成都江边，将希望寄托于神灵，希望上天保佑国家，而居住在北方的父老乡亲都在期盼着皇帝能够御驾亲征，将被金人占领的河山收复回来。

心中牵挂着国家的陆游总是夜不能寐，在夜色中，他只能拨动灯火，反复品读诸葛亮的《出师表》，希望自己的忠义之气能够像诸葛亮一样千古流芳。

除了陆游之外，南宋著名词人辛弃疾也写道"醉里挑灯看剑，梦回吹角连营"。

虽然陆游的诗和辛弃疾的词主要表达的是自己想要杀敌报国、收复失地的雄心壮志，但他们的作品中都能看到"挑灯"二字。这足以说明，灯具作为照明工具在古代人生活中起到了至关重要的作用。

龙博士知识点

《出师表》出自《三国志·诸葛亮传》，它阐述了北上伐魏的必要性以及对后主刘禅治国寄予厚望，写出诸葛亮一片忠诚之心。历史上有《前出师表》和《后出师表》，《出师表》通常指的是《前出师表》。

听完了陆游的故事，聪小明觉得陆游很可怜，但他更想知道华丽炫目的灯彩是什么时候出现的，于是开始央求龙懒懒带他去其他年代看一看。龙懒懒便直接带他来到了唐朝。

在南宋之前，灯笼的外形就不仅仅是最简单的圆筒灯罩了，其实唐朝就有了许多造型华丽的灯彩。这些灯彩除了照明之外，也有极高的观赏价值。

仙居无骨花灯的工艺就源自唐代，整个花灯不用一根骨架，只以形状各异的纸张粘贴接合，再盖上全用绣花针刺出的各种花纹的纸片，最后经十三道精细工序制作而成。

相传，杨贵妃最喜爱的花灯就是仙居荔枝灯。在前面的故事中我们提到过杨贵妃喜爱吃荔枝，唐玄宗为了讨杨贵妃欢心，不惜一切为她运送新鲜的荔枝。但荔枝是季节性水果，吃不到荔枝的季节，杨贵妃十分郁闷。唐玄宗为了让杨贵妃开心，便寻找能工巧匠，打造了荔枝造型的花灯。

龙博士知识点

仙居无骨花灯，始于唐代，俗称"唐灯"，融绘画、刺绣、建筑艺术于一体，被称为传统手工艺瑰宝。2006年经中华人民共和国国务院批准，列入第一批国家级非物质文化遗产名录。

聪小明正在欣赏美丽的荔枝灯,突然感觉天旋地转,下一刻,他就出现在了戏台下,台上有很多造型多变的灯彩,看上去华丽极了。

龙懒懒告诉聪小明,这是灯彩戏。它的出现,是由于在古代,京剧戏班在表演一些特定的剧目时,需要号召观众,而那些绚烂缤纷、五颜六色的灯彩,可以填补观众在看戏时视觉效果上的空白。

那时的灯彩造型更加多变,不仅有乖巧可爱的兔子造型的灯彩,还有腾云驾雾的龙形象的灯彩。

怎样制作灯彩呢?

今天龙博士要动手制作一个最简单的花灯!

龙博士
互动课堂

❶

准备一个空罐头瓶。

❷

找到几张白纸,剪出星星、月亮等形状,固定到罐头瓶上,并用多种颜色的油性笔在边缘点缀出彩色圆点。

❸

撕掉白纸,用好看的丝带在瓶口绑一个蝴蝶结。

❹

将太阳能彩灯放进去,没有彩灯可以用蜡烛代替。

第五节 丑果核的华丽蜕变——核雕

中国民间手工艺术大胆且富有想象力,艺术家们可以在石头上雕刻,也可以在木头上雕刻,甚至还能在果核上雕刻。核雕艺术家们的手是富有魔力的,果核在他们的手中摇身一变,就变成了富有生命活力的艺术品。

王叔远是明代一位擅长雕刻的艺术巧匠,他能用直径一寸的木头雕刻出宫殿、器具、人物等。他曾用一个长约八分(约2.67厘米),高度和两个黄豆粒差不多的果核雕刻出一条小船。

这条小船上有船舱、船篷，还有可以开关的小窗户，窗户后还刻着字。小船上还雕刻有黄庭坚、苏轼、佛印、撑船人等五个人，他们手中还分别拿着不同的东西。这几个人神态各不相同，表情十分传神。

这一条小船，便是鼎鼎大名的核雕作品。

王叔远曾将这个作品赠送给好友魏学洢，于是魏学洢写出《核舟记》将此事记录下来，并且详细描绘了核舟上的所有细节。

龙博士知识点

苏轼

苏轼，字子瞻，号东坡居士，北宋文学家，"唐宋八大家"之一。早年参加科举考试考中进士，逢母亲病故，随父回乡守丧。守孝期满后回京考中制科考试，入朝当官。后其父苏洵病逝，再次回乡守孝。守孝期满还朝，却被王安石排挤判罪。此后接连遭受打击，身处逆境。

王叔远之所以将这个杰出的核雕作品赠送给魏学洢，是因为当时魏学洢的父亲被大宦官魏忠贤迫害，魏学洢是名孝子，为了营救父亲东奔西走，甚至想以己代父。

为了宽慰好友，王叔远将核舟赠送给了魏学洢，他希望好友能在苏东坡身上学习到身处逆境却能从容面对的心态。他希望借用该物以传递这种温暖。

龙博士知识点

《核舟记》是初中语文教材中的课文，是明代文学家魏学洢所写的说明文。

历史上著名的"以己代父"的故事还有花木兰代父从军、贾直言代父饮毒酒。

参观完了核舟，聪小明感慨道："这样小巧的桃核上，竟然栩栩如生地刻了这么多人和物，又写了那么多字，当时的核雕技术已经那么厉害了呀！看来核雕技术也不是很难，连古人都会。"

龙懒懒摇头，继续说："等你听完了下面这个故事，你就不会觉得核雕技术很简单了。"

在周朝时期，诸侯国燕国的国君喜欢精致小巧的东西，于是到处寻找身怀绝技的能工巧匠。有个卫国人跑去求见燕王，自称能在荆棘的尖刺上雕刻出活灵活现的母猴。燕王听了他的话，十分赏识他，并且给了他极其丰厚的待遇。几天之后，燕王对他说："让我看看你在荆棘的尖刺上雕刻的母猴吧。"这个卫国人回答说："大王要是想要的话，

龙博士知识点

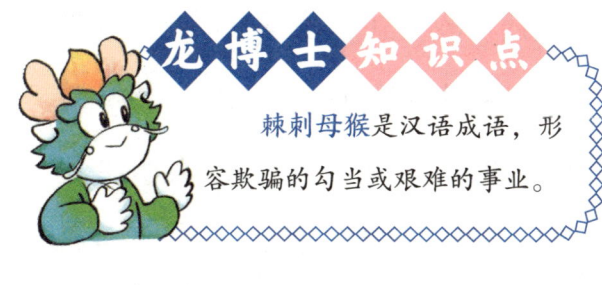

棘刺母猴是汉语成语，形容欺骗的勾当或艰难的事业。

必须半年不进后宫、半年不喝酒不吃肉。做到了这两点后，还要等到雨停日出的那一天，在半明半暗的光线下，才能看到荆棘尖刺上的母猴。”

虽然燕王觉得这种要求很过分，但为了看到艺术珍品，只好照办。虽然燕王一直好吃好喝地供养着对方，但他始终都没看到自己心心念念的“棘刺母猴”。

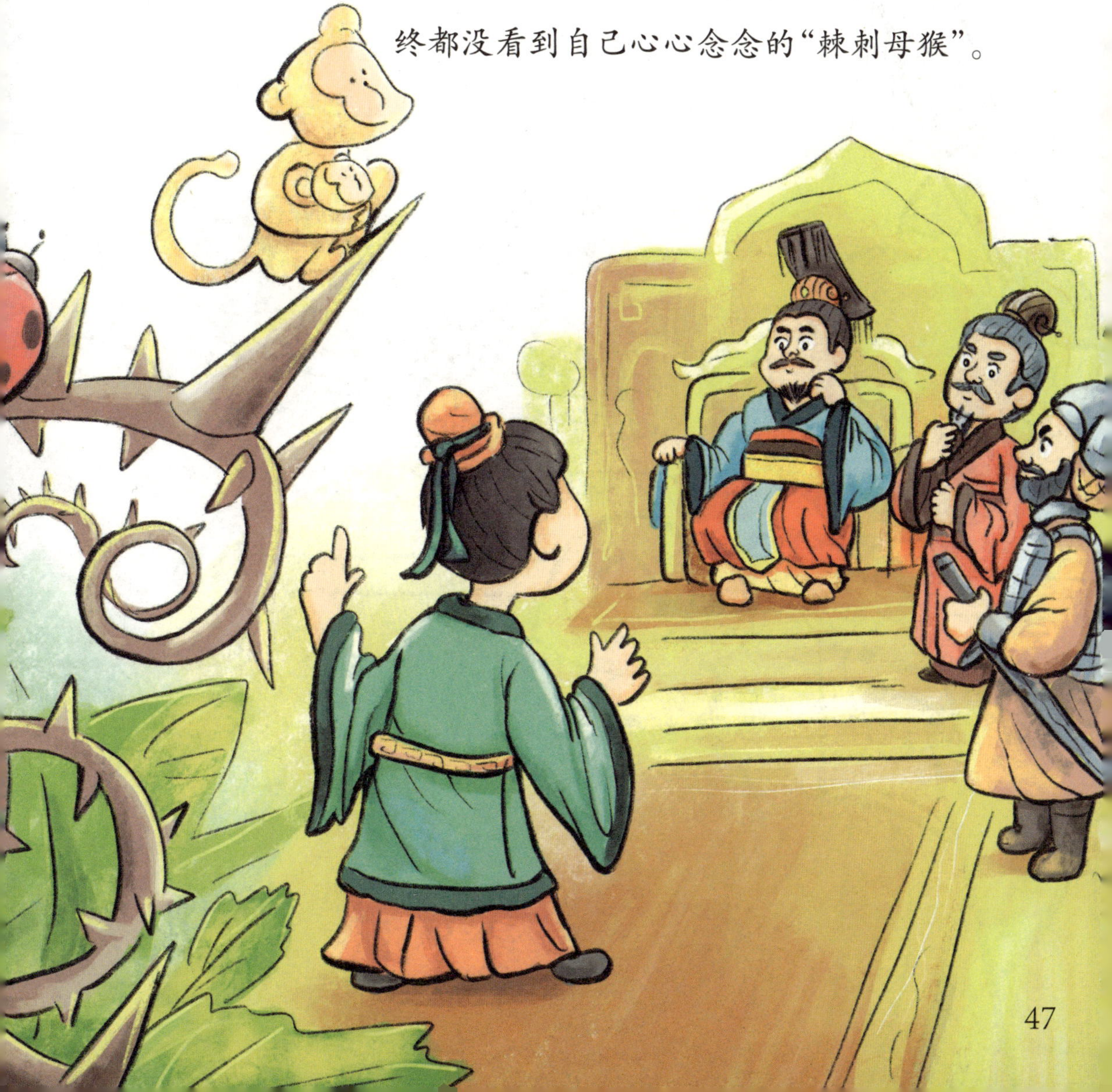

一个铁匠听说这件事后，就跑到燕王身边说："要雕刻物品必须要用刻刀，所以雕刻的东西一定会比刻刀的刀刃大。荆棘的尖刺那么小，根本无法下刀，怎么可能在尖刺上雕刻出一只母猴来呢？大王只要检查一下那个卫国人的刻刀，就能知道他的话是真是假了。"

燕王听后，才觉得自己可能被骗了。于是他立刻召见了那个卫国人，问他用什么工具在荆棘的刺尖上雕刻母猴。对方告诉燕王用的是雕刻刀。燕王要求看一眼雕

刻刀。卫国人知道自己露馅了，于是借口回去拿刻刀，从后门偷偷溜走了。这就是著名的"棘刺母猴"的故事。

怎样制作核雕呢?

龙博士要用"魔法"把果核变成艺术品!

❶

选好果核后,根据果核的形状判断它适合雕刻什么样的艺术品,随后根据想法在果核上勾勒出草图。

❷

用锉刀打磨出大体形状。

❸

精雕细琢。

第六节　文字也可以价值连城——汉字书法

笔墨纸砚是文房四宝，在它们的加持下，书法家们才能创作出"无言的诗、无图的画、无声的乐"——汉字书法这种文字美的艺术表现形式。

公元前221年，秦始皇建立秦朝，推行"书同文"，由丞相李斯负责。李斯在秦国原来使用的大篆籀文的基础上，将文字进行简化，创制了小篆这种汉字书写形式。

当时有一个人叫程邈,他是个文官,但因为性情耿直得罪了秦始皇,被关到监狱。程邈在监狱中无事可做,又深感篆书结构复杂,书写不方便,于是他就想到简化字体。他搜集了民间的很多书体,削繁就简,变圆为方,拟定了一些日常使用又方便书写的新字体。

龙博士知识点

程邈

字元岑,秦朝书法家。他的主要成就是将复杂的篆书改革为隶书,是隶书书法的创造者。

秦始皇看到程邈整理后的文字，十分欣赏，不仅赦免了程邈，还启用他为御史。由于程邈的官职不大，属于"隶"，所以人们就把他整理的文字叫作隶书。

隶书的形成对汉字的演变具有十分重大的意义，从此汉字不仅仅是一种文字，更是一种书法艺术。

东汉元兴元年蔡伦改进了造纸术，加上书写工具的改进，也为汉字的发展提供了载体基础。

书法中有"汉隶唐楷"的说法，楷书并不是唐代出现的，但却在唐代发展到顶峰，比较著名的"颜柳欧赵"楷书四大家中有三个人出于唐代。

中国的汉字书法演变史上，除了这些方方正正的字体，还有行云流水、洒脱飘逸的个性字体，其中最有代表性、成就最大的就是行书和草书。

造纸术，发明于西汉时期，改进于东汉时期，改进人为蔡伦。它与指南针、火药、印刷术并称为中国四大发明。

颜柳欧赵分别指颜真卿、柳公权、欧阳询、赵孟頫四人。

行云流水是汉语成语，形容文章自然不受约束，就像飘浮着的云和流动着的水一样。

随后,聪小明和龙懒懒来到东晋书法家王羲之在绍兴的家,正好看见王羲之的家人在门前贴了一副对联。对联写道:"春风春雨春色,新年新岁新景。"

紧接着龙懒懒使用魔法,让时间快速流逝,天一下子就黑了。只见一个人鬼鬼祟祟地出现在王羲之家门前,将那副对联偷走了。

"龙懒懒,他为什么偷对联?"聪小明好奇地问。

"王羲之的字很珍贵,有收藏价值。"

接下来,龙懒懒继续控制时间,聪小明又看到王羲之新写的对联再次被偷走。

很快,王羲之又贴出了第三副对联,上面写的

是的,王羲之的代表作《兰亭集序》被誉为"天下第一行书"。

我知道王羲之,他是个大书法家。

是"福无双至，祸不单行"。

聪小明摇头说："王羲之真傻，不抓住小偷，对联还是会被偷走。"

出乎聪小明的意料，这一次小偷看到对联之后，摇头走了。

原来新的对联的意思是幸运的事不会接连到来，灾祸却会连续发生。虽然王羲之的书法很出名，但这副对联可是诅咒啊，小偷看到王羲之写了这么不吉利的话，只能放过了这副新对联。

龙博士知识点

王羲之

字逸少，东晋时期著名书法家，被世人尊称为"书圣"。他的儿子王献之与他并称"二王"。

龙懒懒带着聪小明来到了转年大年初一，看到王羲之在对联下面加了几个字，于是那副对联就变成了："福无双至今朝至，祸不单行昨夜行。"

只是加了几个字，意思就完全变了。现在的意思是本来不会接连到来的好事今天会发生好几件，原本会接连发生的灾祸都早已过去。这副"诅咒对联"变成了一副祝福对联。

聪小明佩服地感慨："王羲之的才华不仅仅局限于书法上呢。"

龙懒懒带着聪小明见识了王羲之的书法故事后，又带他来到了几年后，见了王羲之的儿子王献之。

聪小明在龙懒懒的魔法下，安安静静地看着王献之的生平。

王献之小的时候就展现出书法天赋，他也认真和父亲学习，但和父亲相比，王献之少了一股厚积薄发的沉稳劲儿。在自己的书法小有所成后，他问母亲，自己再写三年书法，会有所成就吗。母亲摇头没说话。他又问五年总行了吧。母亲再次摇头没说话。就在这时，他身后的父亲说："写完院子里的十八缸水，你的字就练得差不多了。"

虽然王献之很不服气，但还是咬牙练习。几年后，他把自己的作品交给父亲，希望听到父亲的夸奖。可是

龙博士知识点

厚积薄发是汉语成语，形容只有准备充分才能办好事情。

《敬祖帖》王献之 书

父亲只挑出了一个"大"字,表现出了比较满意的样子,并且随手在"大"字下加了一个点。

王献之又去找母亲,母亲看了他的作品后,最后指着王羲之在"大"字下加的一点,一语双关地说王献之写完了院子里的三缸水,只有这一点像他的父亲。

王献之这才意识到自己的不足,于是更勤奋地练习,用尽了院子里的十八缸水,他的书法造诣终于能够和父亲比肩,他也成为一代书法大师。

怎样才能写好书法呢？

龙博士想了很久，都没想到要怎么教授书法。他知道对于书法来说，纸上谈兵的用处不大，写好书法没有诀窍，贵在坚持。

1. 找到适合自己的字帖，开始临摹。注意坐姿和握笔姿势。

2. 重复上一步，直到技艺提升。

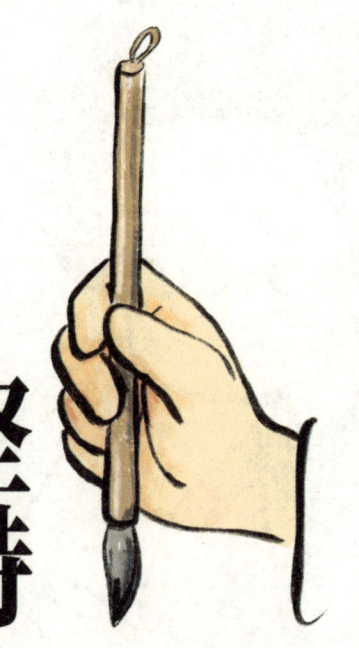

坚持

第七节 吹糖人也不是一件简单事儿
——糖塑

当麦芽糖和蔗糖温火熬融，再经受糖塑手艺人的"吹""拉""捏"三步磨炼后，它就会涅槃重生，成为色香味形俱全的糖塑作品——糖人儿。

糖画手艺人群中流传着这样一个故事。唐代有一个叫陈子昂的文学家，他在吃蔗糖之前，会将蔗糖熔化，再将糖浆倒在光滑的桌面上，用糖浆绘画出各种小动物的图案。

等到糖浆凝固,他再将已经定型的糖画拿下来,既可以吃又可以观赏。

这天他拿着自己制作的糖画出门逛街,恰好被出宫游玩的小太子见到了。小太子觉得十分新奇,对陈子昂的糖画十分喜爱。他便要求身边的太监让陈子昂给他做了几个新糖画。

回到皇宫后,小太子对糖画念念不忘,但这门手艺是陈子昂独创的,宫中没有人会制作糖画,于是皇帝下令让陈子昂给太子做一些糖画,并在制作过程中放入了竹签,便于糖浆凝固后手持观赏。

皇帝第一次见到糖画，也觉得很新奇，脱口给糖画赐了个名——糖饼儿。陈子昂因此得到了官职，但后来他还是辞掉了官，回到家乡，将制作"糖饼儿"的手法发扬光大。随着时间的推移，"糖饼儿"也有了新名字，那就是现在我们熟知的"糖画"。

看完了糖画的故事，聪小明好奇地问："糖人也是陈子昂发明的吗？"

龙懒懒摇头说："楚地至今保留着用糖塑祭祀先祖的习惯，而那里的糖塑艺人都奉刘伯温为祖师爷。当地人认为吹糖人是刘伯温发明的。"

紧接着,他们又穿越非遗世界去看了糖人的故事。在楚地糖塑艺人口中,糖人故事有两个版本。

其中一个版本是,面临敌军的毒蜂阵,刘伯温作为朱元璋的智囊,他想到了一个好办法对付毒蜂。蜜蜂都是喜欢吃甜的,因此他建议熬制麦芽糖,再将熬化的糖浆涂抹在穿着军装的草人上。打头阵的士兵举着草人冲锋,毒蜂就会被糖浆的甜味吸引,最后因为贪吃而忘记攻击士兵。

龙博士知识点

楚地指的是古楚国管辖的地域，后来引申为今湖南、湖北附近区域。

刘伯温

本名刘基，字伯温，元末明初政治家、文学家，明朝开国功臣，与宋濂、高启并称"明初诗文三大家"。

第二个版本是,朱元璋当上皇帝后,因为自己出身低微,所以担心开国功臣谋朝篡位,于是他决定先下手为强,除掉那些开国功臣。

朱元璋建了一座庆功楼。他在这座高大华丽的楼阁中设下宴席款待功勋将领,大家都很感动,谁也没有想到朱元璋的险恶居心。当天庆功楼十分热闹,功勋将领们都喝了很多酒,醉得一塌糊涂,只有刘伯温察觉到危险,滴酒未沾。不久之后刘伯温找了个借口提前离开,朱元璋也在他离开后,放了一把大火烧死了留下的所有人。

刘伯温逃命后，挑起了卖糖人的担子，从此以后假扮成卖糖人，走街串巷维持生活。在那段生活中，他发现将糖加热后，可以吹出各种动物的形状，于是吹糖人的技术就此诞生了。

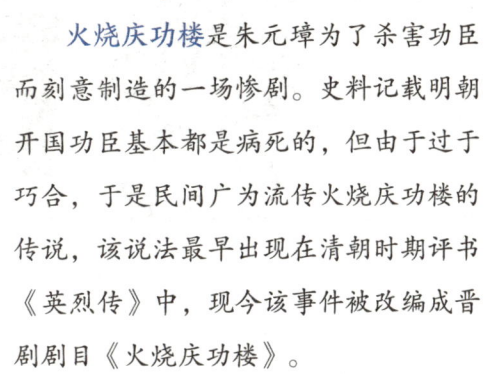

龙博士知识点

火烧庆功楼是朱元璋为了杀害功臣而刻意制造的一场惨剧。史料记载明朝开国功臣基本都是病死的，但由于过于巧合，于是民间广为流传火烧庆功楼的传说，该说法最早出现在清朝时期评书《英烈传》中，现今该事件被改编成晋剧剧目《火烧庆功楼》。

怎样制作糖塑呢?

龙博士将糖塑的制作流程分为了两课。

第一课 制作糖画

❶
将蔗糖放在锅中,开小火使其加热熔化成糖浆。

❷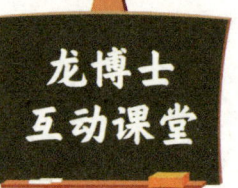
在石板或铁板上涂一层油,再用小勺将糖浆倒在上面,画出想要的图案。

❸
将准备好的竹签按在糖浆上,等到糖浆凝固,将糖画铲下来。

第二课 制作糖人

①

将麦芽糖用小火融化成糖稀。

②

用两根木棍揉糖,增加软度。

③

将柔软的糖胚捏成"包子皮"的形状,在中间加入滑石粉,再将"包子皮"收口,快速揪出一条中间空心的糖管。(注意不要烫伤手)

④

通过糖管缓缓吹气,同时的手要不停地拉扯、揉捏糖胚,塑造想要的形状。

⑤

通过吹、拉、捏三种手法,不断调整糖人形状,最后做出成品。

第八节 看似简单实则复杂的传统艺术——盆景

唐朝盆景以奇和怪为美。盆景中的石头越奇越怪,就越受欢迎。盆景中的植物、山石"高矮胖瘦"不尽相同,这些材料错落有致地摆放一起,就能碰撞出奇妙艺术的氛围。

聪小明再次落地后,发现前方有几个人。没等他开口,龙懒懒说:"我们来到了西汉时期,那是张骞,我给你讲讲他和盆景的故事吧。"

西汉时期，当时的汉朝经常受到匈奴的侵扰，为了抵御匈奴，汉武帝派遣张骞出使西域，希望能够与同样饱受侵扰的月氏人和乌孙人联合抵抗匈奴。张骞以长安为起点，经过今甘肃、新疆等地，一路上历经磨难。他为了心中的大业，不畏艰险，没有退缩。但在经过河西走廊时，张骞被匈奴人发现了。

龙博士 知识点

张骞

字子文，汉代杰出的外交家、旅行家、探险家，他是丝绸之路的开拓者，被誉为"东方的哥伦布"。

匈奴人知道张骞的目的，对他软硬兼施，企图让他背叛汉武帝，甚至还让他娶了一个匈奴女人为妻，张骞和匈奴妻子还生了一个孩子。虽然匈奴人看上去对待张骞还不错，但实际上却是软禁他，张骞心里也很清楚，但他内心的忠义并没有半分动摇，他卧薪尝胆十年，终于找到机会逃走，继续踏上出使西域的路。

然而张骞成功到达西域后，曾被匈奴侵扰过的月氏人和乌孙人却因为对匈奴有畏惧心理，不敢和汉朝联手，张骞只能启程返回长安。不幸的是，张骞在半路上又被抓了。一年多后，他才带着匈奴妻子逃回长安。这一来一回，就用了十三年时间。

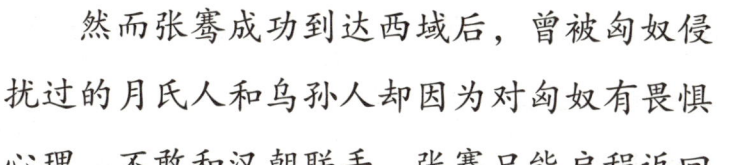

龙博士知识点

匈奴，古代游牧民族，活动于战国至两晋时期，喜欢骑马征战，经常入侵中原。

多年后，张骞第二次出使西域，打算再次联合月氏人和乌孙人，彻底扼杀已经被击退的匈奴势力死灰复燃的希望。这一次张骞的西域之行很顺利，他带了三百多人以及汉朝的大量特产礼物到达西域，并且访问了古伊朗、古印度等文明古国，与对方进行了礼物交换，建立友好关系，由此打通了著名的"丝绸之路"。

当时张骞交换回来的礼物就有西域特有的石榴树，为了避免石榴树在路上枯死，他将石榴树栽到盆里，这是

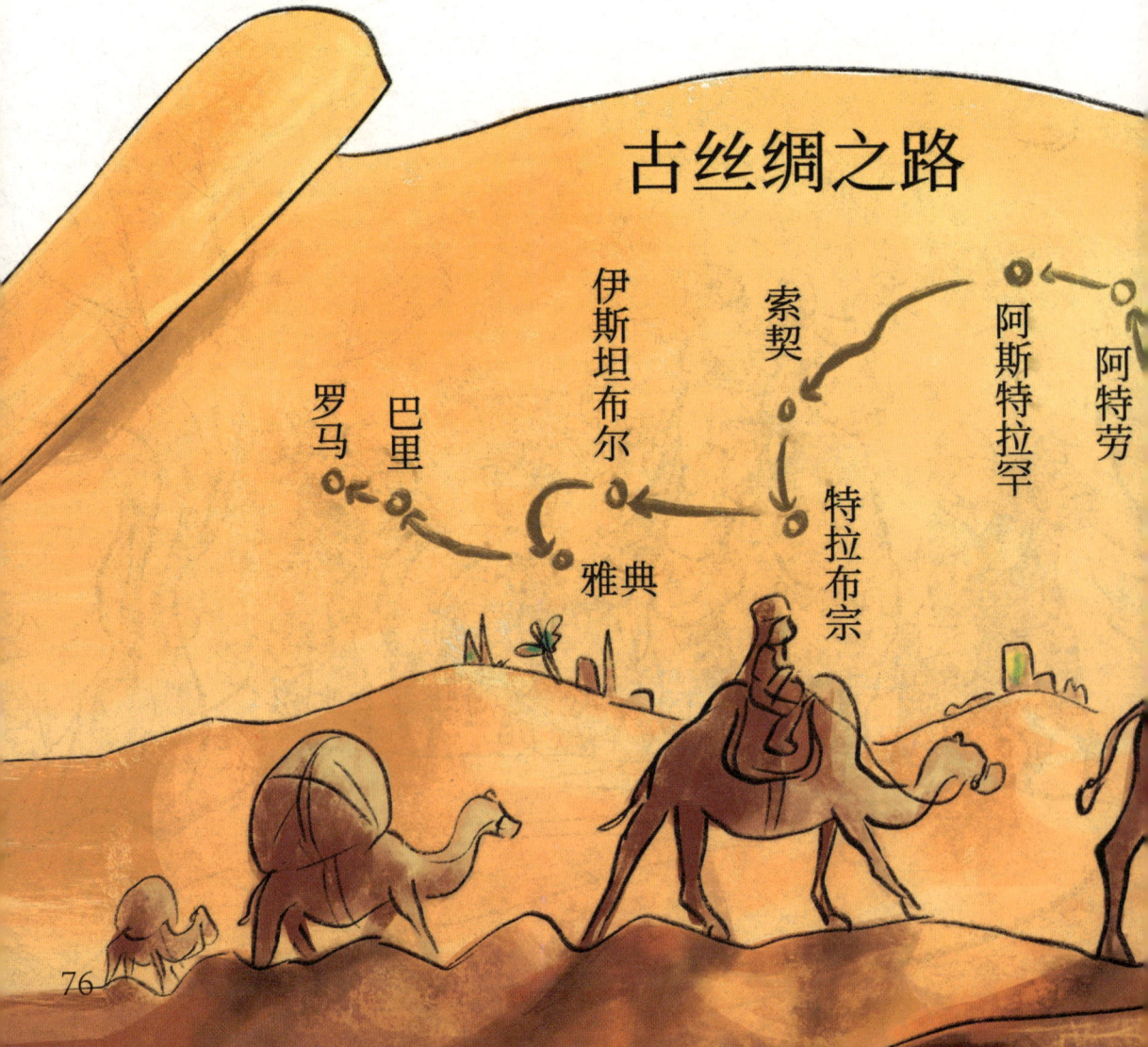

中国历史上可以考证的最早关于盆景的记录。

随着时间的推移，盆景文化也逐渐繁荣。到了宋代，盆景制作的技艺已经精进了许多，在台北故宫博物院中，我们还可以在宋代佚名绘制的画作《十八学士图》中清楚地看到几处盆景。

龙博士知识点

丝绸之路，西汉张骞和东汉班超出使西域开辟的以长安（今西安）、洛阳为起点，途径今甘肃、新疆，最终抵达中亚、西亚各国并连接地中海各国的陆上通道。由于这条路向西方运送的货物多为丝绸，因此这条路被称为"丝绸之路"。

努库斯　塔什干　阿拉木图　霍尔果斯　乌鲁木齐　吐鲁番　敦煌　兰州　西安　洛阳

听完了张骞的故事后，聪小明瞬间移动到了一个熟悉的景点。他立刻兴奋地说："这里是恭王府，我来过这里！"

"没错，接下来的故事就发生在这里。"龙懒懒说完，就继续讲了起来。

盆景在清朝不仅仅是用来欣赏的，也有聚财的意思。

恭王府最早是大贪官和珅的私人府邸。在恭王府中，就有一个看似不起眼的石盆景，石盆上还刻着"停云"二字。

当年和珅得到这块石头时，它并不是现在这样的形态。它是一块水生苔藓植物化石，内部有很多细小的孔洞，可以从石盆中吸收水分，保持整体湿润。冬天的时候将井水

倒入石盆中,石头表面的水分会产生大量水蒸气,就像云朵停留在长满苔藓的石头上,十分好看。据说乾隆皇帝当年见过"停云"后向和珅索要,但被和珅婉拒了。和珅认为水是可以聚财的,他才不会将宝贝拱手相让呢。

"停云"之所以现在变成"素颜"的样子,是因为远在几百公里外的唐山发生了大地震,它在地震中断裂,吸水功能几乎全无。

龙博士知识点

恭王府是清代规模最大的一座王府,位于北京西城区,现在是我国著名景区以及重点文物保护单位。

怎样制作盆景呢？

今天龙博士要用鞋子制作一个盆景！

① 准备一双即将丢掉的破鞋子。

② 在鞋子中填充一部分土壤。

③ 选取颜色不同的植物栽种进去，调整植物位置，形成高低错落的感觉。

④ 再填一些土，覆盖住植物的根茎，鞋子盆景就做好了。

第九节　被现代文化冲击的传统玩具——布老虎

布老虎白天可以是玩具，夜晚也可以是枕头，它更是老一辈人一针一线缝制出来的美好祝福。

《山海经》中，就有一个故事和布老虎有关。

《山海经》是中国志怪古籍,内容多为神话传说,作者不详。全书现存18篇,记载了中国古代神话、古代地理、植物、动物等内容。

据说在东海有一座名叫度朔的大山,山上长着一棵大桃树,桃树的树枝很长,能够延伸到三千里外。在桃树下有一扇鬼门,鬼门里面聚集着成千上万只恶鬼。树下有两兄弟奉天帝之命看守桃树,一个叫神荼,一个叫郁垒。据说这两兄弟身怀绝技,力大无穷。

在看守桃树时,两兄弟驯服了度朔山上的老虎,并在老虎的协助下,将桃树照顾得很好。很快,桃子成熟了,鬼门里的恶鬼们被可口的大桃子馋得口水直流,于是它们一起冲了上来,想要抢夺桃子。老虎们和恶鬼们发生了争斗,两兄弟也没闲着:神荼用桃木当武器,将恶鬼们一个接一个击倒;郁垒则用苇草编成的绳索将恶鬼们捆绑起来。两兄弟将捆绑住的恶鬼喂给老虎,就这样,大部分恶鬼都被老虎吃掉了,剩余的恶鬼见到此景,全都吓跑了。

从此以后,两兄弟的画像被人们贴在门的左右两侧,用来驱鬼镇宅,他们也被人们尊称为门神。人们知道了老虎的威猛,开始制作布老虎来辟邪。

龙博士知识点

门神是农历新年贴于门上的一种画类,在民间信仰中是守卫门户的神灵。贴门神是春节的传统习俗之一。

听了龙懒懒的故事后,聪小明直呼精彩。他好奇地问:"还有和布老虎有关的传说吗?"

龙懒懒点了点头,又给他讲了董永和老虎的故事。

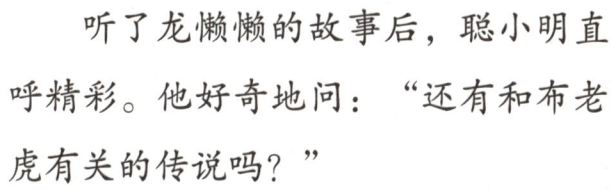

龙博士知识点

董永,东汉时期著名孝子,有关他的故事统称为《董永传说》,其民间文学传说为中国民间四大传说之一,国家级非物质文化遗产之一。《董永传说》包括七仙女下凡、卖身葬父等耳熟能详的故事。

董永生活在汉代,是有名的大孝子,在很多和七仙女有关的影视作品中,我们经常能看到他的身影。

相传,有一天董永夜晚回家,在回家的路上,突然蹿出了一只大老虎。董永本来以为自己会被老虎吃掉,但没想到老虎竟然说话了。

老虎听说过董永"卖身葬父"的事迹,知道他是个大孝子,于是便说:"我只吃坏人,不吃好人。好人的头上有吉祥的光晕笼罩,坏人的头上则会弥漫着黑气,我能分辨好坏,你是好人,我不吃你。"

凶猛的老虎放过了董永,这件事很快就被传开了,人们认为老虎代表着一种惩恶扬善的力量,于是缝制了布老虎,并开始供奉,以此向神祈求福气,接受祥瑞。

布老虎的起源除了与人们对猛兽的崇拜有关，还和战争避祸保平安有关。

朱元璋开国时期征战四方，但他的军队却没有打扰山东博兴的一户人家。原来是因为朱元璋属虎，而那家门前就摆放着一对石虎。据说凡是在家中供奉老虎或是崇拜老虎的人家，都可以避免杀身之祸。老百姓们奔走相告，于是家家户户开始供奉老虎，来不及雕刻石虎的人们就开始用碎布缝制布老虎，于是这些人家都幸免于难。从那之后，人们便把布老虎当作了镇宅保平安的吉祥物。

怎样制作布老虎呢？

龙博士已经准备好了针线，接下来它要开始手工缝制布老虎了！

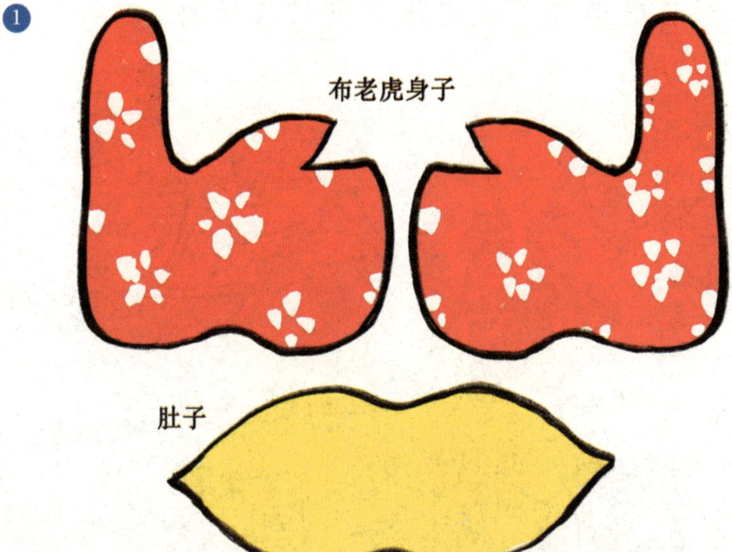

①

布老虎身子

肚子

耳朵　　眉毛　　王

鼻子　眼睛　　胡子

剪出用来制作耳朵、肚子等部位的布样。

❷

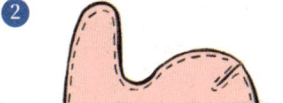

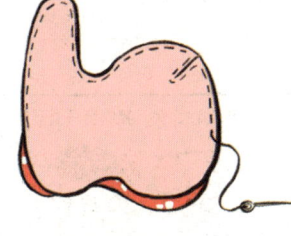

将同样大小的布样两两缝合,再在肚皮下方开一个长口。

❸

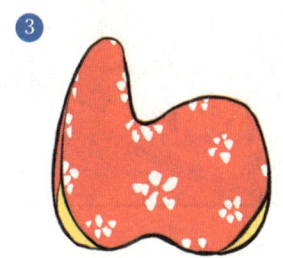

将缝好的布翻面,隐藏针线。

❹

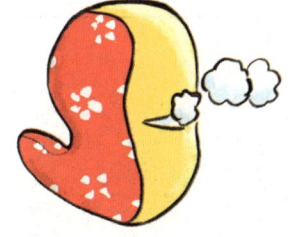

通过肚皮上预留好的开口塞入棉花,让布老虎的肚子鼓起来,并且缝好开口。

❺

将布老虎的耳朵缝上去,再缝上眼睛、鼻子、嘴巴和胡须。

第十节 建筑物上的故事会——建筑彩绘

古代女子会用胭脂让自己变得更加精致美丽，古代匠人则会用涂料将建筑物装饰得华美辉煌。彩绘不仅能修饰建筑物，还能体现出屋主对生活的热爱。

颐和园的长廊共有四个亭子，分别象征着春夏秋冬，在这四个亭子中有八幅最具代表性的彩绘。在代表春天的留佳亭中就有两幅绘画——

一幅是《桃花源记》，讲的是东晋太元年间，有个武陵人以捕鱼为生，这天他顺着溪水划船前行。忽然看见一片桃花林，桃树夹着溪流两岸，中间没有别的树，花草鲜艳美丽。继续向前走，他来到了一处狭窄的洞口。穿过洞口后，他发现了一处世外桃源，那里房屋整齐，良田肥沃，住在那里的人生活得幸福且快乐。

当地人邀请渔夫去家里做客，渔夫这才知道他们的祖先在秦朝时为了躲避战乱来到这里，后代再也没离开过，他们根本不知道秦朝已经灭亡了。渔夫住了几天后就离开了，沿途还做了标记。回到家后，他把这件事告诉了当地太守。他带着人再去寻找那个安逸的桃花源，结果迷路了。从此以后，再也没有人能找到那个世外桃源。

龙博士知识点

《桃花源记》是东晋文人陶渊明的代表作之一。

留佳亭的另一幅彩绘是《孙悟空大战哪吒三太子》，讲的是孙悟空自从被骗到了天上，被任命为"弼马温"这一最不起眼的小官后，他一气之下大闹蟠桃会，之后回到花果山。玉皇大帝很生气，派了天兵天将捉拿孙悟空。孙悟空先打败了巨灵神，随后又和哪吒打了起来。哪吒变出三头六臂，孙悟空也变出三头六臂，在两人难分高下时，孙悟空用分身来到了哪吒身后，一棒子把哪吒打败了。玉皇大帝拿孙悟空没办法，只能给了他"齐天大圣"的称号。

龙博士 知识点

弼马温是"避马瘟"的谐音，指养马的小官，中国四大名著之一《西游记》中的孙悟空曾担任过该职位。

在代表夏天的寄澜亭中也有两幅绘画。

一幅是《三国演义》中张飞战马超的经典故事，讲的是马超攻打葭萌关打算捉拿刘备，张飞毛遂自荐迎战。刘备亲自带着张飞迎战，张飞和马超开始单挑，打了整整一天，始终没有分出胜负。刘备担心张飞的安危，劝张飞回来。但张飞是个犟脾气，让刘备多点火把，准备继续和马超夜战，不打赢绝对不回去。马超也叫嚷着不打败张飞绝对不回去。两人换了一匹马，又开始夜战。两人又大战了二十回合，马超敌不过张飞，假装逃走但计谋被诸葛亮看穿了。诸葛亮用计谋使马超进退两难，最终成功将他策反。

另一幅是《岳飞传》中八大锤大闹朱仙镇的故事，讲的是岳家军中四名擅长使用双锤做武器的猛将在攻打朱仙镇时，抡着金银铜铁八柄大锤，把敌方打得落花流水、鬼哭狼嚎，最终取得胜利。

龙博士知识点

《三国演义》，中国四大名著之一，中国第一部长篇章回体历史演义小说，作者是罗贯中。

岳飞，字鹏举，南宋抗金名将。他是历史上著名的军事家、战略家、军队统帅。相关典故有精忠报国、岳母刺字等。

在代表秋天的秋水亭中的两幅绘画讲的分别是《岳飞单挑小梁王》和《竹林七贤》的故事。

前者讲的是在当时的武试时，小梁王贿赂考官，仗着自己疏通了关系，对岳飞的武试项目增加难度，但岳飞仍旧取得了好成绩。在最后骑马比武时，岳飞只守不攻，要求立下生死状，考官觉得岳飞打不过小梁王，必死无疑，于是就同意了。结果岳飞只用了一枪，就把小梁王从马上挑下来了，小梁王也因此死掉了。收受贿赂的奸臣吓坏了，决定将岳飞斩首，好在有正直的考官保下了岳飞。

后者讲的是在三国末年，山涛和向秀等七个人认为当时朝廷的腐败景象令他们难以忍受，便约定一起到山林里隐居。在山里，这七个人通过文学的方式抨击当时朝廷的腐败政策，人们自此尊称他们为"竹林七贤"。

龙博士 知识点

竹林七贤包括嵇康、阮籍、山涛、向秀、刘伶、王戎、阮咸。他们在竹林中饮酒赋诗，自得其乐。

在代表冬天的清遥亭中的两幅绘画讲的都是《三国演义》中的故事，分别是《赵子龙七进七出长坂坡》和《三英战吕布》。

前者讲的是赵子龙第一次到长坂坡和曹操大战，将刘备的儿子"阿斗"和甘夫人以及糜夫人弄丢了。随后赵子龙先后六次进出长坂坡与曹操的军队大战。在这几次中，他不是找到三人中之中的一个或两个，就是丢了另外一个或两个。在第七次进出长坂坡时，赵子龙最终找到了甘夫人和"阿斗"。

龙博士 知识点

扶不起的阿斗，是一个汉语成语，比喻扶持不起来的人。

后者讲的是东汉末年各诸侯带兵讨伐董卓，董卓派华雄迎战，华雄被关羽杀死。随后董卓派出义子吕布迎战，张飞先和吕布打了五十回合，紧跟着关羽又加入战场，最后刘备也加入战斗，三个人打吕布一个，把吕布打得接连败退，只能逃跑。

怎样绘制建筑彩绘呢？

今天龙博士准备翻新建筑彩绘。

❶

先将建筑物表面清理干净，再刷上稀释过的生桐油，重复几次。

❷

在牛皮纸上绘图。

❸

用大针按照线条扎出间距相当的孔。接下来找到建筑构件的横竖中线，将牛皮纸对应好位置，用粉袋将所有孔逐个拍打，使构件印上纹样。

❹

将不同颜色的涂料粉刷到对应的位置，等待涂料干燥后，再刷上一层油胶，用来保护涂料。

非遗门类	项目序号	项目编号	子项
传统美术	315	Ⅶ-16	蔚县剪纸等
传统美术	325	Ⅶ-26	庆阳香包等
传统美术	346	Ⅶ-47	天津泥人张等
传统美术	349	Ⅶ-50	仙居花灯等
传统美术	835	Ⅶ-59	光福核雕等
传统美术	839	Ⅶ-63	汉字书法
传统美术	864	Ⅶ-88	天门糖塑等
传统美术	870	Ⅶ-94	扬派盆景技艺等
传统美术	871	Ⅶ-95	黎侯虎
传统美术	872	Ⅶ-96	北京建筑彩绘等

截至2022年7月12日，国家级非物质文化遗产代表性项目共计1557个，按照申报地区或申报单位统计，共计3610个子项。同名项目共享同一个项目编号，详见中国非物质文化遗产网·中国非物质文化遗产数字博物馆。

图书在版编目(CIP)数据

"遗"脉相传:全4册/魏景旭著;钢琴节奏绘. -- 天津:天津科学技术出版社,2024.1
ISBN 978-7-5742-1628-0

Ⅰ.①遗… Ⅱ.①魏… ②钢… Ⅲ.①非物质文化遗产–介绍–中国 Ⅳ.①G122

中国国家版本馆 CIP 数据核字(2023)第 212642 号

"遗"脉相传:全4册
YIMAIXIANGCHUAN:QUANSICE
责任编辑:张 婧 陶 雨 关 长
责任印制:兰 毅

出　版:	天津出版传媒集团
	天津科学技术出版社

地　址:天津市西康路 35 号
邮　编:300051
电　话:(022)23332400(编辑部)
网　址:www.tjkjcbs.com.cn
发　行:新华书店经销
印　刷:运河(唐山)印务有限公司

开本 787×1092 1/16 印张 24 字数 240 000
2024 年 1 月第 1 版第 1 次印刷
定价:168.00 元

非遗门类	项目序号	项目编号	子项
传统美术	315	Ⅶ-16	蔚县剪纸等
传统美术	325	Ⅶ-26	庆阳香包等
传统美术	346	Ⅶ-47	天津泥人张等
传统美术	349	Ⅶ-50	仙居花灯等
传统美术	835	Ⅶ-59	光福核雕等
传统美术	839	Ⅶ-63	汉字书法
传统美术	864	Ⅶ-88	天门糖塑等
传统美术	870	Ⅶ-94	扬派盆景技艺等
传统美术	871	Ⅶ-95	黎侯虎
传统美术	872	Ⅶ-96	北京建筑彩绘等

截至2022年7月12日，国家级非物质文化遗产代表性项目共计1557个，按照申报地区或申报单位统计，共计3610个子项。同名项目共享同一个项目编号，详见中国非物质文化遗产网·中国非物质文化遗产数字博物馆。

图书在版编目(CIP)数据

"遗"脉相传：全 4 册 / 魏景旭著；钢琴节奏绘. -- 天津：天津科学技术出版社，2024.1

ISBN 978-7-5742-1628-0

Ⅰ.①遗… Ⅱ.①魏…②钢… Ⅲ.①非物质文化遗产－介绍－中国 Ⅳ.①G122

中国国家版本馆 CIP 数据核字 (2023) 第 212642 号

"遗"脉相传：全 4 册
YIMAIXIANGCHUAN：QUANSICE
责任编辑：张 婧　陶 雨　关 长
责任印制：兰 毅

出　版：	天津出版传媒集团
	天津科学技术出版社

地　　址：天津市西康路 35 号
邮　　编：300051
电　　话：(022) 23332400（编辑部）
网　　址：www.tjkjcbs.com.cn
发　　行：新华书店经销
印　　刷：运河（唐山）印务有限公司

开本 787×1092 1/16 印张 24 字数 240 000
2024 年 1 月第 1 版第 1 次印刷
定价：168.00 元

"遗"脉相传 ④

博大精深的传统医药

魏景旭 ◎ 著

钢琴节奏 ◎ 绘

天津出版传媒集团
天津科学技术出版社

目录

- 04 第一节 『刮骨疗毒』中的非遗——中医外科
- 14 第二节 神奇的『望闻问切』——中医诊法
- 23 第三节 是传统医药不是糖果——阿胶
- 31 第四节 从北京到哈尔滨的非遗神药——老王麻子膏药制作技艺
- 39 第五节 一根银针竟能治疗疑难杂症——中医针灸

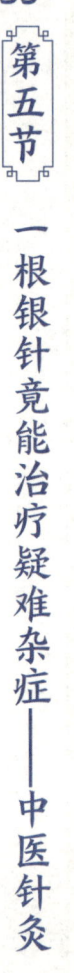

47 第六节 中华文化的传统瑰宝——中医养生

55 第七节 是治疗不是洗澡——药浴

63 第八节 匠心守护中药制作的每一道程序——同仁堂中医药文化

72 第九节 不用开刀治疗骨折的古代骨科——中医正骨

81 第十节 拥有国家级保密配方的『神药』——片仔癀

第一节 "刮骨疗毒"中的非遗——中医外科

中医外科是一代又一代仁心医者的智慧结晶，是中华文明的瑰宝。在中国的历史中，它一直扮演着守护神的重要角色。

古代的医生分为"疾医""兽医""疡医"等，其中疡医指的就是治疗疮伤的外科医生，而华佗则是中医外科的鼻祖。接下来要讲的故事，就与中医外科有关。

龙博士 知识点

华佗

华佗是东汉末年医学家,被后人称为"外科圣手",由于其医术高明,故后人以"华佗再世"来形容医生医术精湛。

中医外科在很多史书及古代小说中都有记载,其中最为著名的就是"刮骨疗毒"的故事。建安二十四年,关羽在攻打樊城时右臂被敌人的乱箭射中,人从马背上摔落。获救后的关羽本没有把这点小伤放在心上,然而敌人在箭头上涂了毒药,随着毒素的入侵,关羽的右臂变得又青又肿,不能活动。

龙博士知识点

关羽

关羽,字云长,三国时期蜀汉名将。《三国演义》中,刘备、关羽、张飞三人在桃园结义。

这天，一个名叫华佗的人求见关羽的长子关平，声称自己可以把关羽的箭伤治好。

华佗告诉关羽，要用铁环固定住他的手臂，然后用尖刀割开皮肉直到露出骨头，刮掉骨头上的箭毒后再敷上药，最后用线缝合伤口。关羽听后直接说不用那么麻烦，说完他喝了几杯酒，一边用左手和别人下棋，一边伸出受伤的右臂给华佗治疗。

华佗就按照自己的治疗方案给关羽做起了"外科手术"，在场

的人见了，吓得脸色都变了，都遮住眼不敢看。但关羽却一边喝酒吃肉，一边笑着下棋，整个过程中一点痛苦的神色都没露出来。华佗做完手术后，关羽还笑着对在场的将士说："一点都不疼，华佗真是神医，我的手臂现在就能伸展自如。"

这就是著名的刮骨疗毒的故事。

龙博士知识点

刮骨疗毒是汉语成语，意思是刮去深入骨头的毒性，指彻底治疗，从根本上解决问题。

刚才那段故事出自名著《三国演义》。这部小说是根据史书《三国志》改编的，原著《三国志》里只说动手术的是一名医生，没有说就是华佗。虽然小说和历史有出入，但也足以证明中医外科在古代就已经是一种治疗疾病的手段了。

除了华佗之外，还有一些古代医生也实施过外科手术，包括截肢、气管缝合，甚至还有兔唇修复术。根据历史文献记载，兔唇修复这门手术竟然早在东晋时期就存在了。

东晋末年，有一个叫魏咏之的人天生兔唇，因此他的童年充满了别人的讥笑与嘲讽。但魏咏之并没有因为他人看不起而自暴自弃，他从小就有着从政的远大抱负。因此他不管别人的闲言碎语，将心思全都用在了读书上。

魏咏之十八岁时听说荆州刺史殷仲堪手下的名医擅长治疗兔唇，于是他决定登门求医。魏咏之虽然没有钱，但饱读诗书，才华横溢的他打动了殷仲堪。殷仲堪对他十分欣赏，不收分文，让医生帮他修复兔唇。

龙博士 知识点

《三国志》是《三国演义》的原型，它是一本记载三国历史的史书，与《史记》《汉书》《后汉书》并列为"前四史"。

医生先是将魏咏之兔唇边缘的皮肤割掉，再把两边的皮肤缝合起来。手术过程中魏咏之疼痛异常，但他并没有大喊大叫，而是咬牙坚持完成了手术。术后医生叮嘱他一百天之内只能喝粥，并且不能说话和微笑。就这样，魏咏之坚持了一百天，终于康复了，之后还如愿以偿当上了官。

虽然中医文化博大精深,但由于古代思想和技术的局限,中医外科手术并没有发扬光大,而是进入了停滞期。为了让优秀的中华传统文化得以传承而不再步中医外科的后尘,我们需要不断学习,推陈出新。

龙博士知识点

如愿以偿是汉语成语,意思是像所希望的那样得到满足,指愿望实现。

生活中能用到哪些中医外科知识？

龙博士在野外摔伤了，在没有消毒水和纱布的情况下，他准备用以下中药材止血。

大蓟（jì）+小蓟： 它们长得非常像，都是紫花，叶面带刺，且都有止血的功效。将它们的嫩叶或花捣烂敷在伤口上能很快止血。

艾叶： 将它捣烂敷在伤口上可以杀菌、消炎、快速止血。

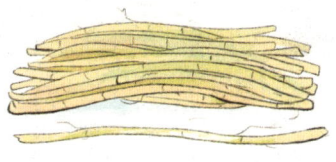

侧柏叶： 将它炒至黑褐色敷在伤口上可以止血。

白茅根： 白茅根含钙较多，将白茅根粉撒于伤口处后按压两分钟，可以止血。

第二节 神奇的"望闻问切"——中医诊法

"望而知之谓之神,闻而知之谓之圣,问而知之谓之工,切脉而知之谓之巧。"

"望闻问切"是中医诊断疾病时使用的四种基本方法,又称"四诊法",分别指的是观气色、听声息、问症状、摸脉象。

单凭观气色就能诊断疾病的医生被称为神医,战国时期的神医扁鹊就曾通过观气色给人看病。

有一次扁鹊路过齐国，齐桓侯田午接见了他。扁鹊来到宫殿后发现田午面色不对，很显然身体不好，就直言不讳地指出他患了病，但病症还在皮肤表层。意思是病症还不严重，但如果不尽早医治，病症就会加深。田午听后觉得很荒谬，说自己身体很好，没有病。扁鹊离开后，田午就对旁人说，医生都是贪财好利的，他们撒谎说健康的人生了病，以此邀功。

龙博士知识点

扁鹊

战国时期医学家，擅长运用望闻问切四诊法，著有《扁鹊内经》和《扁鹊外经》。

十天之后，扁鹊再次求见田午。这次他对田午说，你的病已经深入肌肤了，再不医治的话，还会加重的。田午很不高兴，说自己根本没有病。又过了十天，扁鹊又来了，这次他说田午的病已经蔓延到了肠胃，再不医治的话还会再次加重。田午很生气，不理扁鹊。又过去了十天，扁鹊又来了。这一次田午以为扁鹊又会劝他治病，但没想到扁鹊却转身离开。

田午很疑惑，为什么这次扁鹊不坚持说自己有病而是直接走了呢？他让人去问扁鹊，扁鹊说病症在

龙博士知识点

回天乏术是汉语成语，比喻局势严峻或病情严重，已经无法挽救。

早期或中期阶段还能治好，现在田午的病已经深入骨髓，回天乏术，他只能离开。

五天之后，田午就病倒了，他终于想起了扁鹊的话，想让人把扁鹊请回来给自己治病，但扁鹊已经离开了齐国。不久之后田午就病死了。

听了龙懒懒讲的故事,聪小明好奇地问:"我每次去中医院,医生都会为我号脉。他们就是利用望闻问切四诊法中的摸脉象来为病人诊断疾病的,对吗?"

龙懒懒点头说:"没错,很多疾病无须借助现代仪器,只通过摸脉象就可以诊断出来。"

说到这儿,龙懒懒想起另一个和摸脉象有关的逸事。

唐贞观年间,唐太宗李世民的长孙皇后怀胎十月却没能分娩,甚至还一病不起。皇宫中的太医尝试过很多办法医治,却始终没有什么效果。看着病重的皇后,李世民坐立不安。他让大臣徐懋功寻找

名医。徐懋功说民间有一个叫孙思邈的人擅长妇科，或许可以将他请到宫中试一试。李世民听从了徐懋功的建议，派人快马加鞭地将孙思邈请到了宫中。

龙博士知识点

快马加鞭是汉语成语，意思对跑得很快的马再打几鞭子，让它跑得更快，形容加速前进。

孙思邈到宫中后,立刻为皇后进行了诊断。但古代人比较保守,遵从"男女授受不亲"的礼教。长孙皇后又贵为一国之母,孙思邈只是个普通百姓,他是没有资格接近皇后的,更别提帮皇后摸脉象了。

然而这并没能难倒孙思邈,他先是通过询问皇后的贴身宫女,知道了皇后的气色和声息状况。随后他又问了宫女一些问题,得知了皇后的病情细节。到了"望闻问切"最后一步摸脉象时,他想出了一个既能帮皇后诊脉,又能避免和皇后接触的办法。

孙思邈取出一根红线,让宫女把红线系在皇后的手腕上,随后将红线牵出来,他则捏住红线的另一端。就这样,孙思邈靠着一根红线感受着皇后脉搏的跳动。

很快，孙思邈就做出了诊断，他判断皇后胎位不正，因此难产和病重。随后孙思邈让宫女扶着皇后的手靠近竹帘，用银针在皇后的中指上扎了一下。皇后疼得发抖，但很快她就有了生产的迹象，并顺利诞下了皇子。这就是悬丝诊脉的故事。

虽然随着时代的发展，人类已经发明出了很多高科技设备用来诊断疾病，但中医四诊法作为古人智慧的结晶，是无法被取代的。它对于我们来说已不仅仅是一种医疗手段，更是传承了几千年的文化瑰宝。

生活中能用到哪些中医问诊知识？

龙博士最近生了几次病，医生不仅用望闻问切四诊法帮他诊断了病症，还根据症状推荐了合适的中药。

薏苡仁：医生通过望诊看到龙博士舌苔厚白，体内湿气较重，推荐他吃可以祛湿气的薏苡仁。

枇杷：医生通过闻诊听到龙博士咳有痰声，呼吸时喉头有痰响，推荐他吃枇杷清肺祛痰。

番泻叶：医生通过问诊得知龙博士已经好几天没有排便了，推荐他用番泻叶泡水，治疗便秘。

大枣：医生通过望、闻、问三步推断龙博士可能气血虚，最后通过切诊确诊，推荐他吃大枣补气血。

第三节 是传统医药不是糖果——阿胶

驴皮在开水的烫洗下，脱去了脏兮兮的毛发，再经过长时间熬煮，就会蜕变成既美味又有药用价值的阿胶。

阿胶起源很早，许多历史名人的故事中都有它的身影，比如曹植。

曹植是曹操的儿子，他从小就才华横溢，并展现了政治才能。曹操死后，他的儿子曹丕称帝。曹丕担心这个才华出众的弟弟威胁到自己的地位，于是就命令曹植在七步之内做出一首诗，否则处死。为了为难曹植，曹丕还对诗的主题做了严格要求。但曹植还是在七步之内做出了脍炙人口的《七步诗》。

虽然曹植免于一死，但还是被哥哥曹丕贬到了山东东阿县，做了"东阿王"。刚到东阿时曹植郁郁寡欢，骨瘦如柴，后来食用了当地盛产的阿胶，身体逐渐恢复健康。曹植还写了诗歌《飞龙篇》感慨阿胶是"仙药"。

龙博士 知识点

脍（kuài）炙（zhì）人口 是汉语成语，原意为佳肴人人爱吃，现在比喻诗文受到人们的称赞和传颂。

天生丽质 是汉语成语，出自白居易的《长恨歌》，形容生来容貌就姣好。

诗人白居易在《长恨歌》中写下"春寒赐浴华清池，温泉水滑洗凝脂"，意思是初春寒冷，作为恩赐，皇帝特意让杨贵妃在华清池里沐浴，贵妃的皮肤光滑细嫩如同凝脂。

杨贵妃身为古代的四大美人之一，她的容貌被很多诗人用华美之词称赞。

有首诗这样写：

铅华洗尽依丰盈，雨落荷叶珠难停。
暗服阿胶不肯道，却说生来为君容。

意思是杨贵妃卸了妆后依旧丰满美丽，沐浴时，水珠落在皮肤上，就像雨水落在荷叶上一样，很快就滑下去了。她的皮肤状态能保持那么好，都是因为她偷偷食用阿胶。她不把这件事告诉别人，却说自己天生丽质，是为了皇帝而生就得如此美貌。

除了能够保持皮肤滑嫩之外,阿胶还有延年益寿的功效。

宋代理学大师朱熹是出了名的大孝子,他活了七十岁,在医疗条件相对落后的古代,这个年龄已经算是十分高寿了。朱熹长寿的秘诀就是会养生。他曾经给母亲写过一封信,从中我们可以看出他的食谱非常健康,他在这封信中就提到了阿胶。

朱熹在信中嘱咐母亲,说母亲年事已高,不要生气,要保持平和的心态。他还让母亲少食多餐,这样的饮食方式既能保证肚子不饿,还能减轻肠胃负担。他还让母亲多吃水果和蔬菜补充营养,偶尔吃一些阿胶以延年益寿。

从这封信中不仅可以看出朱熹对母亲的一片孝心,还能推测出朱熹能够活到七十岁高龄,应该也离不开阿胶的功劳。

龙博士知识点

延年益寿是汉语成语,意思是增加岁数,延长寿命。

聪小明打断龙懒懒问:"除了历史名人与阿胶的故事,还有关于阿胶的神话传说吗?"

"当然有了。"龙懒懒喝了一口水,润了润喉咙,继续讲了起来。

相传,很久以前民间流行着一种怪病,这种怪病无人能医。山东东阿县有一个名叫阿娇的姑娘,她的父母正是因为这种怪病离开人世的。为了让乡亲们摆脱疾病的纠缠,阿娇决定去泰山寻找治疗怪病的药草。她克服重重困难,终于来到泰山,见到了一位白发老人。老人告诉阿娇,这种病可以治,但药很难找。

阿娇一听乡亲们有救了,就立刻追问到底是什么药能治

疗这种病。老人告诉阿娇，必须找到吃狮耳山的草、喝郎溪河水长大的小黑驴的驴皮。这种驴特别凶猛，很难抓。阿娇不怕困难，费了很大功夫抓到了这种小黑驴，并按照老人的嘱咐，将驴皮熬制成了药胶，病人服用后果然康复了。

后来人们为了纪念阿娇，就把这种药胶取名为"阿胶"。

现在人们的生活好了，对健康也越来越重视。阿胶作为滋补佳品，自然也得到了人们的青睐。

怎么制作阿胶小吃？

❶ 将核桃炒熟，白芝麻炒黄。

❷ 在阿胶粉中加入白糖，边煮边搅拌，直至浓稠。

❸ 在阿胶中加入核桃、芝麻并搅拌。

❹ 盛出放凉定形。

第四节 从北京到哈尔滨的非遗良药
——老王麻子膏药制作技艺

　　膏药不仅是中药五大剂型之一，更是中国医学界亮眼的名片。从古至今，它始终守护着每一个中国人的健康。

西汉时期有个被称为"女中扁鹊"的医生,名叫义妁。她在十几岁时就上山采药,为乡亲们治病。她经常将草药捣烂,敷在患者的伤口上。

有一次义妁接诊了一位腹部隆起的患者,患者肚脐眼凸出,肚子很大,但四肢却奇瘦无比。义妁用银针在他的腹部和腿部扎了几下后,就用"膏药"进行治疗。不久之后,患者竟然痊愈了。虽然古代的膏药和现代膏药不同,但原理类似,因此可以将义妁治疗病人的"膏药"看作是现代膏药的原型。

龙博士知识点

中药五大剂型包括丸、散、膏、丹、汤。

说完了古人和膏药的故事，接下来就要讲今天的主角了。每个在哈尔滨长大的人都对老王麻子膏药印象深刻，但这个属于哈尔滨的非物质文化遗产，其实来自北京。

光绪年间，北京牛街有一家名叫京都福庆堂的药房，药房的主人叫王照宇。王照宇以前在皇宫里当卫士，卫士们经常操练武艺，难免会有磕磕碰碰，需要敷药。宫里的御医和王照宇私交甚密，王照宇因此得到了几种制作膏药的秘方，那些秘方治疗跌打损伤有奇效，后来他就在京城创立了"福庆堂"。

清末，宫廷中权力争斗异常激烈，王照宇也受到了牵连，被发配到了玉田县。他的儿子王树森从小就跟着他熬制膏药，掌握了这门技艺，于是顺应"闯关东"的时代大潮，

来到了黑龙江省的呼兰县,并在这里落脚。他将膏药配方改良,发明了"虎骨熊油膏"。这种膏药疗效好而且价格又不高,很快就在当地打响了名气。因为王树森脸上有浅浅的白麻子,所以他的膏药就被老百姓统称为"老王麻子膏药"。

后来王树森搬到了哈尔滨,并在那里开设了店铺。同乡听说王树森在哈尔滨发了财,便来到哈尔滨投奔他,也想借着王麻子膏药的名气开店。王树森没有拒绝,于是一条街出现了许多店名雷同的膏药铺,比如"这才是王麻子膏药店""真正假王麻子膏药店""真正王麻子膏药店"等。

王树森的善心,导致这条街上出现了很多"李

鬼"。站在街上,放眼望去,满眼都是"王麻子"三个字,因此这条街也被老哈尔滨人称为"王麻子一条街"。王树森为了区别其他店铺,将店名改成"真正老王麻子膏药店"。

听到这儿,聪小明感叹道:"王树森老爷爷真是善良,他就不怕别人抢了他的生意吗?"

龙懒懒捂嘴笑着说:"他当时觉得医多利民,并没有想那么多。"顿了顿,他继续说:"王树森老先生不仅善良,还很有志气呢。"

"难道还有其他故事?快说来听听。"聪小明立刻好奇地追问起来。

龙博士知识点

"闯关东""走西口"和"下南洋"都是中国近代有名的人口大迁移,闯关东指的是山东、河北等地的百姓为避天灾闯荡东北讨生活。

李鬼是四大名著之一《水浒传》中假冒李逵的强盗,现今多用这个词形容假货、仿冒品。

由于王麻子膏药久负盛名,据说在日本侵华期间,盘踞在东北的关东军就打过膏药的主意。

关东军找到王树森,要求他把膏药的配方交出来。王树森知道自己如果不交出配方可能难逃一死,但交出配方不仅是毁了自己的家业,也是背叛祖国。后来关东军向王树森大批量购买膏药,但他们却没有按照正常价格结算钱款,王树森因此赔了不少钱。

然而这种情况并没有持续多久,因为王树森在配方上动了手脚,他提供给关东军的膏药疗效很差。

龙博士知识点

久负盛名是汉语成语,意思是长时期地享有很好的名声。

关东军认为王麻子膏药是骗人的，就不再用他的膏药了。

除了老王麻子膏药外，还有许许多多的家族世代传承着膏药文化。相信它们经过时间的洗礼后，有一天也能跻身非物质文化遗产名录。我们要做的则是学习先辈继往开来的精神，努力成为各行各业的佼佼者，并把本领传承下去。

怎么制作简单膏药应急？

龙博士不会制作现代的膏药，他都是用纱布包裹捣碎的草药，然后拿来应急治疗不同的疾病。

芦荟：它有消炎止痛、清热解毒的功效，牙床发炎时将它捣烂敷在脸上，很快就会消炎。

马齿苋：它有清热利湿、消肿止痛的功效，外敷还能治疗痔疮、湿疹。

葛根和皂角：热敷葛根皂角汤可以治疗急性肠梗阻。

第五节 一根银针竟能治疗疑难杂症
——中医针灸

银针虽然身躯小巧,却蕴含着巨大的力量。看似不起眼的针灸,却是一些无法被药物治愈的疾病的克星。

针灸是针法和灸法的总称,艾灸其实也算是灸法的一种。

之前的故事中我们提到了义妁,她其实也是一位针灸大师。她在治疗腹胀的病人时不仅用到了膏药,还对病人进行了针灸。除了义妁之外,历史中的名医扁鹊和华佗也都是针灸大师。

被誉为"神医"的华佗在诊断和治疗方法上建树颇丰，他的针灸技术也被誉为"神技"。《三国志·魏书·方技传》记载，华佗取穴精简，采用针灸疗法治愈病患时仅选一两处穴位施针。施针时他会告诉病人，如果感受到针刺感应传导到某处就告诉他。病人配合，华佗不必留针，便能霍然而愈。

华佗的针灸术娴熟且精湛，他用针灸术治疗病患的故事才能在正史中留下印记，广为流传。

龙博士知识点

霍然而愈是汉语成语，意思是很快病就好了。

除此之外,《三国志》中还记载了另外一个和针灸有关的故事。

吴普和樊阿都师从华佗。樊阿非常擅长针灸技术,所有的大夫都说背部和内脏不能随意用针刺,如果非要针刺,这些地方下针的深度也不能超过四分。但樊阿在给人背部进行针刺时,会扎进去一到两寸,在胸部的巨阙穴进行针刺时会扎进去五六寸,是其他大夫认为的极限深度的好多倍。樊阿只是华佗的徒弟,就连他的技术都如此高超,可见华佗本人拥有着多么神乎其技的针灸技术。

听了华佗的故事后,聪小明说:"不知道华佗有没有写病历的习惯,真想看看他还用针灸给多少人治过病呀。"

经过聪小明提醒,龙懒懒才想起另一个人,他继续说:"提到病历,我要讲一个淳于意的故事。"

龙博士知识点

神乎其技是汉语成语,意思是技艺或手法十分高明。

有一天刘邦的孙子刘贤召见淳于意来给自己看病。刘贤说自己头痛得厉害，不知道怎么回事。淳于意通过问诊，得知刘贤这些天公事繁忙，休息时间不足。前天他洗完头发后没等头发晾干，就因为太累睡着了，第二天醒来之后头就开始痛。

龙博士知识点

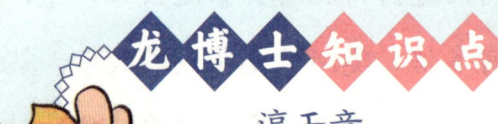

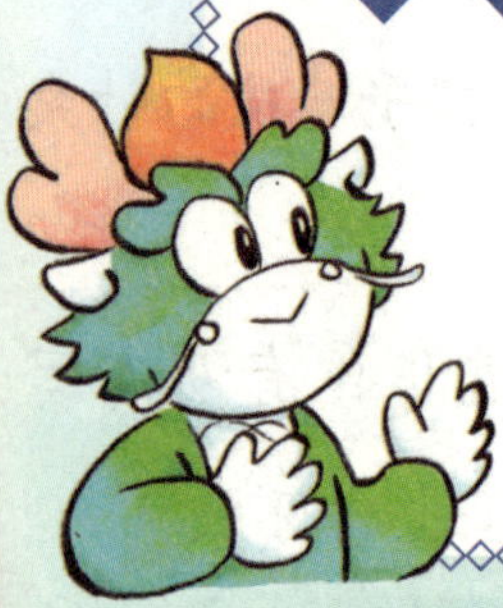

淳于意

淳于意，别名仓公，西汉时期著名医学家。他是首创病案的医学家，并将病案整理成册，编成《诊籍》。

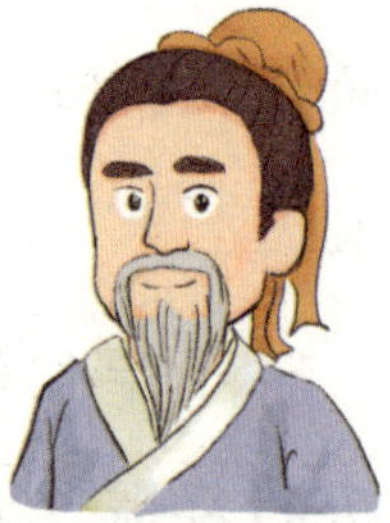

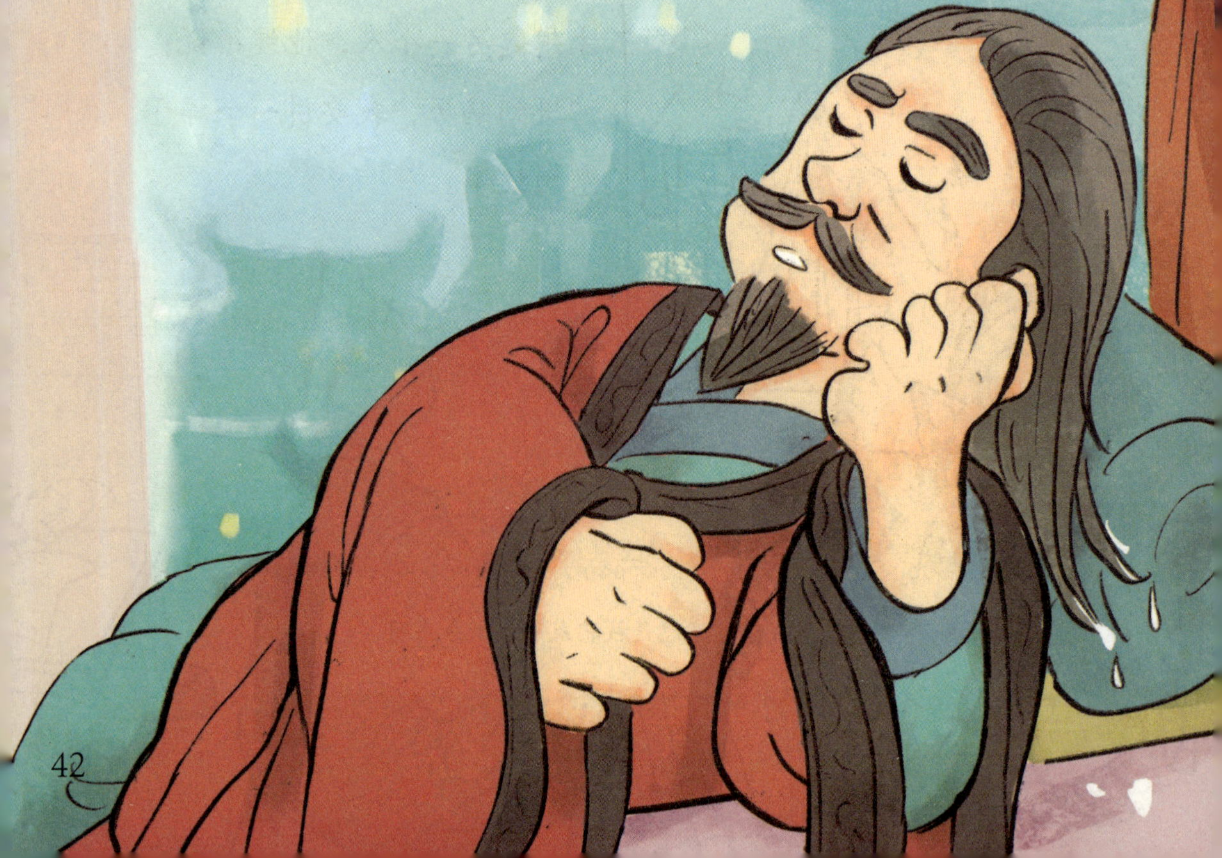

淳于意听后心里已经有了答案，为了保险起见，他又替刘贤把了脉，很快他就诊断刘贤得了热厥证，病因就是刘贤睡眠不足，头发还没干就睡觉，病邪入侵，导致头疼。

淳于意确定病因后就开始帮刘贤治疗，他先用巾帕拍其头以降温，随后在对方下肢分别找了三处穴位，对刘贤进行了针灸治疗。淳于意医术高超，刘贤很快就康复了。

其实淳于意之所以这么厉害，也要归功于他有记录病案的习惯，随着诊治的病人越来越多，他积累的经验当然也就越来越多了。

皇甫谧也是专注于研究针灸医术的大师。

皇甫谧从小就很贪玩,直到二十岁时听到婶婶失望地说他不读书,成天游手好闲,他才开始看书学习。皇甫谧对针灸很感兴趣,学习多年,终于有所成就。但好景不长,中年时期的他因为跟随当时的潮流服用"五石散"而半身不遂。

龙博士知识点

五石散是一种致幻药物,古人认为它是仙药,但其实致幻效果是由慢性中毒导致的。

皇甫谧被病魔折磨得十分痛苦,但他没有放弃治疗。他整理了许多古人研究针灸的书籍,并在自己身上下针,如果自己碰不到的地方,就让儿子帮忙。最后他不仅治好了自己的半身不遂,还整理并更正了前辈所著的医书中的错误,最终创作了医学名著《针灸甲乙经》。

虽然尖尖的银针看上去有些恐怖,但它能快速治疗一些类似面瘫的疾病。是药三分毒,针灸疗法让病人无须服药就能恢复健康,因此它在我国传统医学界的地位非常高。

怎么通过针灸治疗和预防疾病？

无论是针法还是灸法，对于新手来说都是很危险的，因此龙博士不建议大家轻易尝试。针灸的原理是刺激穴位，不舒服时可以用按摩代替针灸。

做眼保健操可以预防近视。

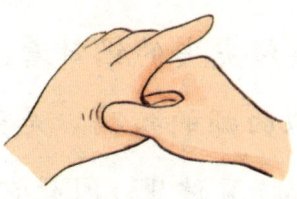

按摩合谷穴可以缓解头痛、牙痛等症状。

按摩风池穴可以缓解颈椎病导致的头晕、颈椎疼痛。

艾灸有烟有火，不仅容易使人受伤，还有可能引发火灾，因此可以用无烟的艾灸仪代替。

第六节　中华文化的传统瑰宝——中医养生

病躯是灵魂的牢狱。药物能够治疗疾病，但却不能抹除灵魂遭受苦难的记忆。中医养生不仅能预防疾病，还能让人发现健康之美。

我国历史上很多名医都是鹤发童颜,十分高寿,他们之所以能够健康长寿,正是得益于中医养生。

许多帝王炼制长生不老的仙药,其实也可以看作是养生的一种手段,只是仙药不存在。他们想通过食物和药物长寿的想法是对的,方法却是错的。随着时间的推移,宫廷中位高权重的人已经形成了正确的养生理念,著名的慈禧太后就对养生之道很有研究。

众所周知,用热水泡脚可以缓解疲惫感。脚上

龙博士 知识点

鹤发童颜是汉语成语,意思是仙鹤羽毛一样雪白的头发,儿童般红润的面色,形容老年人气色好。

龙博士知识点

慈禧

慈禧,晚清时期实际统治者。她是咸丰帝的妃嫔,同治帝的生母。咸丰帝驾崩后,她被尊为西太后。

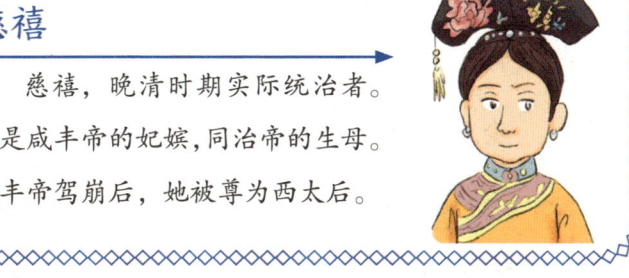

的穴位很多,因此很多人为了养生都在脚上下过功夫。

慈禧太后喜欢泡脚养生,每次泡脚都有很多宫女伺候,虽然慈禧的脚可能有臭味,但那些宫女可不敢捏鼻子。她们不仅要轻轻地伺候慈禧洗脚,还要为洗脚水的温度以及配方用尽心思。据说,夏天时,宫女们会将

菊花水煮沸,晾到合适的温度,再给慈禧泡脚。冬天时,她们会用温暖的木瓜汤帮慈禧泡脚。

除了泡脚之外,慈禧还会采用食补的方法养生。

除此之外,慈禧还会使用"护肤品",她会用磨成粉的珍珠敷在皮肤上,平时还会内服。慈禧身边的女官德龄写书回忆说自己看到过六十多岁的慈禧洗澡,皮肤和年轻人一样光滑,应该就是珍珠粉的功劳。

聪小明打断龙懒懒说:"我觉得慈禧应该学习跳广

场舞,那样锻炼身体多好呀。"

聪小明哈哈笑着说:"慈禧虽然没跳过广场舞,却跳过'健身操'。"

听了龙懒懒的话,聪小明的好奇心被勾了起来,眼里立刻放出了光。

龙懒懒继续说:"据说慈禧会练习一种古人所创的叫'八段锦'的健身术。"

在针灸的故事中我们提到过华佗有两个徒弟,一个叫樊阿,另一个叫吴普。樊阿擅长针灸,吴普则擅长养生。

龙博士知识点

耳聪目明是汉语成语，意思是听得清楚，看得分明。形容头脑清楚，眼光敏锐。

吴普依照华佗治疗病患的手法，帮很多病人治过病。有一次华佗指导吴普，说人需要运动，运动不仅能帮助消化、促进血液循环，还能预防生病，但不应该运动过度。他教给吴普一套名叫"五禽戏"的技法，有点类似现代的健身操。

五禽戏是华佗观察大自然，将动物的习性与人的身体相结合而发明的一套健身术。"五禽"包括虎、鹿、熊、猿、鸟，五禽戏分别展现了虎的威猛、鹿的舒缓、熊的沉稳、猿的灵巧、鸟的轻捷。

华佗告诉吴普，练习五禽戏不仅可以强身健体，还能预防疾病。吴普按照华佗的教导每天练习，果然身体始终很健康，据说他

活到九十多岁时，还耳聪目明，牙齿都没掉呢。

除了泡澡和跳操，饮茶也能养生。

现代有一种养生茶，名叫灵源万应茶，2008年它入选国家级非物质文化遗产。灵源万应茶以前叫"菩提丸"，是灵源禅寺的沐讲禅师研制的。

沐讲禅师俗名张定边，他原本是陈友谅的部下。元末明初，陈友谅兵败，张定边便来到灵源寺削发为僧。当时战乱四起，大战之后必有大疫，百姓苦不堪言。沐讲禅师不忍心看百姓受瘟疫折磨，亲自率僧众上山采集山茶、飞扬草等多种中草药，制作成了"菩提丸"。这种药不仅能治病，还能预防疾病。

后来这种药的配方从寺中传到了民间，成为普通百姓预防疾病、强身健体的养生药方。

中国人对中医养生的喜爱从未间断过，现代社会中，人们养生的方法也变得五花八门。然而，养生不能代替医疗，如果身体不适，一定要去看医生哟。

生活中能用到哪些中医养生知识?

药食同源,很多食物都有预防疾病的功效,接下来龙博士就简单介绍几种吧!

五味子:五味子可以促进肝脏排毒,但它本身也有毒性,不能随意服用。

枸杞:枸杞可以滋补肝肾,明目补血。

黑木耳:黑木耳可以改善便秘,清肠润肺,还有助于消化。

水蛭:活水蛭可以用来吸食中毒者伤口中的毒血,水蛭干粉可以降血脂,调节血压。

第七节 是治疗不是洗澡——药浴

在药香中沐浴，不仅可以清洁身体，还可以为健康保驾护航，焕发身体的生机与活力。

根据历史文献记载，古人很早就掌握了药浴治疗的方法。《五十二病方》《黄帝内经》《金匮要略》等医书都记载过药浴方子。

东汉时期有一位名叫董奉的神医。他住在山里,给人治病而不收取报酬,只要求重症病人康复后在山上栽种五棵杏树,轻症病人康复后栽种一棵杏树。日积月累,几年过后,山上的杏树已经超过了十万棵,形成了一片杏树林。

龙博士知识点

董奉

董奉,又名董平,东汉时期名医,与华佗、张仲景并称为"建安三神医"。

董奉的医术远近闻名，许多人都慕名前来看病。

有一天，有人推着一辆木板车来到董奉的杏林草堂，板车上躺着一个中年男子，已经奄奄一息了。病人家属一见到董奉就下跪磕头，请求董奉救人。

董奉让病人家属把男子带到一个房间里，让男子坐好，他检查后发现患者身上长满了疮。董奉煮了一锅汤药，用麻布浸满了汤药汁，随后将患者的衣服全部脱掉，又将麻布盖在患者身上，整整盖了五层。他嘱咐患者不要动，并阻止患者家属靠近。

过了一会儿，患者说感觉有东西在舔自己的身体，很疼，无法忍受，那东西就像有一条很长的舌头似的，还像老牛一样喘着粗气。过了一段时间，那种感觉才消失。董奉揭开包裹着病人的麻布，知道

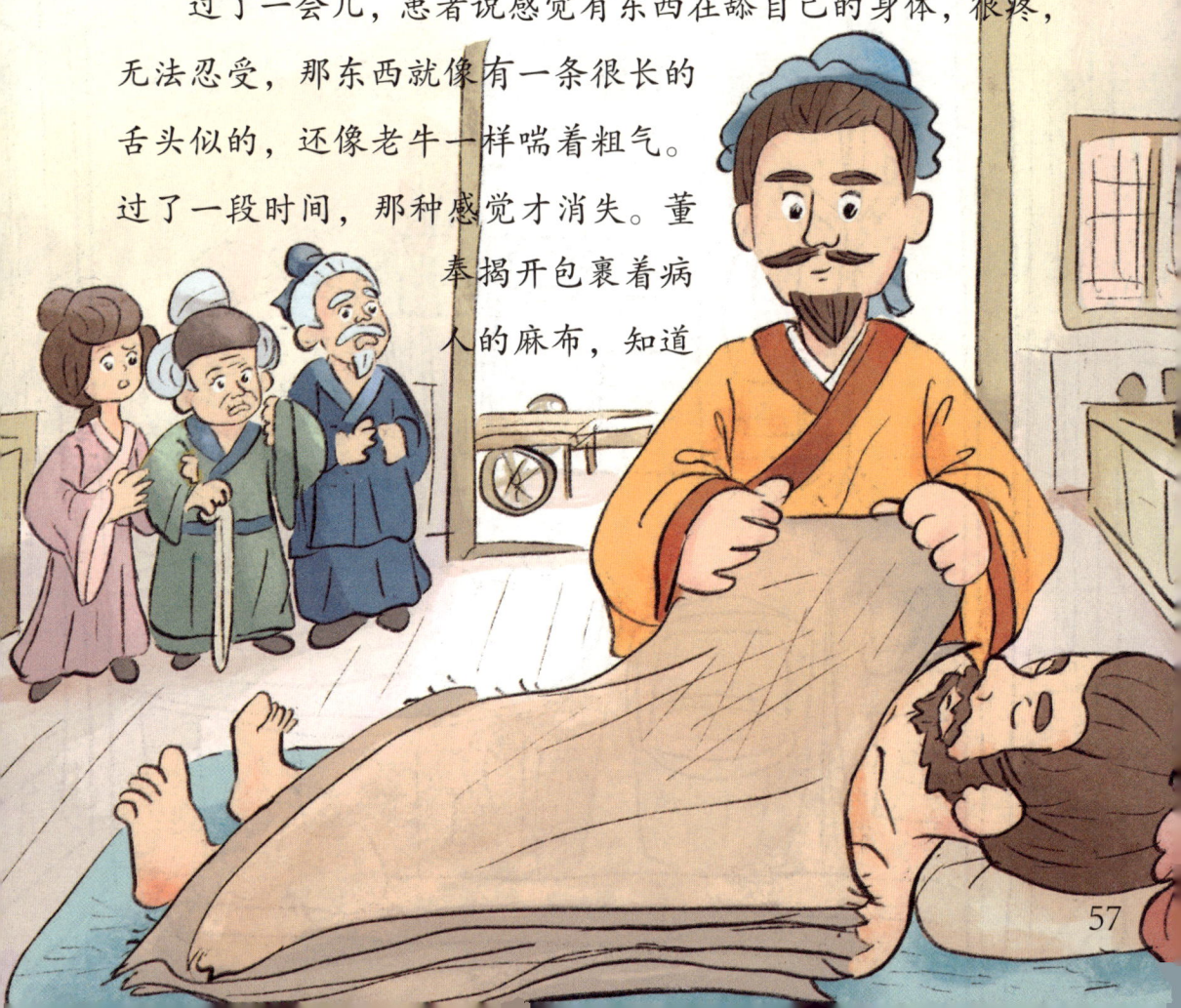

自己的药起了作用,就给了患者一些药粉,让患者把药粉放进洗澡水里,每天坚持药浴,用不了多久就会痊愈,但千万不要吹风。

患者离开后,按照董奉的遗嘱进行治疗,十多天后,他身上一片通红,皮肤也脱掉了一层,疼得受不了。进行药浴后,疼痛感才消失。二十多天后,患者长出了新的皮肤,身上原本的疮不仅痊愈了,新皮肤还很嫩。为了感谢董奉,患者按照规矩栽种了杏树。由于董奉的这个规矩,后人会用"杏林圣手"称赞医术高明的医生。

龙博士知识点

杏林圣手不是汉语成语,但可以用它形容医生医德高尚,不计报酬,医术高明。

"不知道药浴是什么感觉,是不是和泡澡差不多呀?"聪小明好奇地问。

龙懒懒笑着说:"得了脚气,用药泡脚也算是药浴,有机会你可以试试。"

聪小明挠了挠头:"那还是算了吧,我不想体验了。对了,百姓用泡澡的方法药浴,那宫廷中的贵人怎么进行药浴呢?"

"泡温泉呀。"龙懒懒说完,又讲起了康熙的故事。

皇帝颁发圣旨给大臣升官的事不稀奇,但颁发圣旨让大臣泡温泉在历史上可能仅此一例。

李光地是康熙年间的汉人大学士。晚年的李光地身体

状况越来越差,据说七十岁的他正是因为长了毒疮而请辞。康熙并没有准许,反而帮他治疗毒疮。康熙先是让内侍去看望李光地,后来又赐他药浴治疗。

康熙对李光地的病情十分关心,不仅亲自帮他选好治疗地点,还亲临现场进行指导。药物治疗不能半途而废,康熙多次提醒李光地要坚持。不久之后,李光地的毒疮有所好转,他觉得自己已经好了,就没有遵照康熙的嘱咐继续进行药浴,所以他的病很快又复发了。

龙博士知识点

李光地

李光地,康熙时期大臣,理学名臣。主要功绩有"平定三藩"等。

这一次康熙要求李光地坚持药浴一个疗程，并根据病情恢复情况再决定是否进行下一疗程。康熙不仅对李光地的治疗方案进行了详细的规划，还嘱咐他要忌口，最终李光地康复了。

除了李光地外，《红楼梦》作者曹雪芹的祖父曹寅也受到过康熙的赐药。

当时曹寅身患疥疮，两个多月都没好。康熙听说后，就赐给他"六味地黄汤"的药方，让他进行药浴治疗。在康熙的帮助下，曹寅也康复了。

药浴是传统的中医疗法，虽然它能够治疗的疾病很有限，见效也不如西药快，但药浴能舒缓身心，缓解疲劳，这是其他疗法无法比拟的。

生活中能用到哪些药浴知识？

药浴不仅能治疗猫癣，还能治疗人类的皮肤病，接下来龙博士就介绍一些药浴能用到的药材吧。

矾石：矾石有解毒杀虫、燥湿止痒的功效，据《金匮要略》记载，矾石汤可治疗脚气。

金银花：金银花有清热解毒、疏散风热的功效，用它进行药浴，可以治疗痱子。

藿香：藿香有化湿、解暑的功效，用藿香水泡澡可以祛除体内湿气。

苦参汤：苦参汤主要由苦参制成，是否需要配伍其他药物，需要考虑药物的性能、病人病情及治疗要求。

第八节 匠心守护中药制作的每一道程序
——同仁堂中医药文化

同仁堂老字号能够历经风雨仍旧屹立不倒,得益于它们百年磨一剑,匠心守护传统中医药。

同仁堂创建于康熙八年（1669年），创始人乐显扬曾是清宫中太医院的官员，由于受不了宫廷中的一些腐败行为，他离开了太医院，回到民间，像祖辈一样行医。

他在此前的实践中搜集到了许多宫廷秘方和民间偏方，这些药方和他祖上行医积累下来的经验与秘方，成了他创办同仁堂的基石。

后来乐显扬的第三个儿子乐凤鸣将家业发扬光大，经过多年的发展，同仁堂名声越来越响，再次受到了宫中的关

注。雍正皇帝在登基的那一年，指定同仁堂供应御药房需要的药材，还委托同仁堂制作各种中成药。但正是雍正皇帝的这个决定，让同仁堂险些经营不下去，甚至还向宫廷借过钱呢。

同仁堂为宫廷供药，听上去很厉害，但宫廷结算药钱的程序烦琐，周期漫长，在结算药钱之前，同仁堂要自己垫付银子买药材。起初，同仁堂还能忍受漫长的回款周期，但自从宫廷改变了结算药钱的规矩，同仁堂就陷入了这份为宫廷供药的荣誉带来的漫长折磨中。

当时有一个叫林祖成的人上奏，说药价总是变来变去，容易让中间商赚差价，建议把药价固定下来，不要再随市场价改变。药材的价格受天灾、运输成本等因素影响，同仁堂因此赔了不少钱。在药价不变的规定实施后，同仁堂也写了很多奏折，申请预付款，但都被拒绝了。就这样，同仁堂一直忍受着宫廷的打压药价，却又无可奈何。在同仁堂第六代乐礼期间，他只能借官银，赔本钱的同时还要支付利息。

后来在同仁堂的老顾客和亲王弘昼的帮助下,乾隆皇帝终于答应了按照市场价结算药钱。但宫廷在结算药钱时,会先对钱款进行打折再支付。除了打折之外,御药房还会清点平时用不到的药材,将药材当作钱款给同仁堂"付账"。乾隆十八年(1753年)前后,御药房还派官员监督同仁堂用药。这些官员为了谋取私利,平时自己买药的花费都要让同仁堂出钱。到了清末,宫廷连打折药钱都不肯支付了,开始打欠条拖欠药银。

听了龙懒懒的故事,聪小明撇嘴说:"同仁堂实在是太惨了,但还好它们坚持下来,成了老字号。"

龙懒懒点头说:"同仁堂能有今天的成就,一个女人立下了很大功劳。"

"谁?"聪小明立刻好奇地问。

"某部经典电视剧中的女主角,就是以她为原型塑造的,这个人叫许叶芬。"

许叶芬这个名字,是同仁堂历史上的传奇。

乾隆年间，同仁堂发生了火灾，遭受重创的同仁堂没有能力继续经营，无奈之下只能将老祖宗的基业让给外人。后来，乐平泉才将同仁堂重新夺了回来。许叶芬就是乐平泉的妻子，她在乐平泉去世后成了当家人，同仁堂在她的运营下，逐步走向了辉煌。

1900年庚子之乱，许叶芬被迫逃离了北京，灾难结束后，她回到了同仁堂组织生产，但在炮制紫雪丹时遇到了困难。炮制紫雪丹必须要用到金锅银铲，但同仁堂这些贵重的物品早就被八国联军洗劫一空了。

龙博士知识点

庚子之乱指的是清朝末期,列强对中国的侵略激化了百姓的愤怒,以"扶清灭洋"为口号的义和团运动爆发。为了扑灭义和团的反帝斗争,维护在华利益,英、美、法、俄、德、日、意、奥八国组成侵略联军向北京进犯,最后导致中国陷入空前灾难。

许叶芬最终决定将自己的金银首饰拿出来。一个人的首饰不够,同仁堂的女眷们也在许叶芬的带领下把自己的首饰拿了出来。许叶芬将这些金银首饰洗得干干净净,放进熬制药材的锅中和药材一起熬制,将金银融入药材中。由此可见,许叶芬很看重产品的质量和品牌的口碑。

在同仁堂的发展史中,我们可以学习到坚韧不拔、迎难而上的精神。对中国人来说,同仁堂不仅是一个匠心老品牌,也是中国企业发展史上的一个活标本。

同仁堂的名药中主要有哪些中药?

药品中的药材种类繁多,今天龙博士挑选同仁堂的一些名药中的主要成分讲解。

牛黄:它是牛的胆结石,也是安宫牛黄丸的主要成分之一,具有镇痛、解热、抗惊厥、改善心脏功能的功效。

乌鸡肉:它是乌鸡白凤丸的主要成分之一,具有补气养血的功效。

蕲蛇肉:它是再造丸的主要成分之一,具有祛风通络,治疗中风导致的半身不遂、手足麻木的功效。

寒水石:它是紫雪丹的主要成分之一,具有清热泻火,治疗烦躁、口渴的功效。

第九节 不用开刀治疗骨折的古代骨科
——中医正骨

中医正骨方法简便，疗效显著，是古代人的智慧结晶，是中国传统医学的重要组成部分。

中国古代战争频繁，在战争中脱臼或是骨折在所难免。普通百姓也要上山讨生活，攀爬崎岖陡峭的山峰难免会受伤。那么古代人是怎么治疗骨伤的呢？

唐代有一个叫蔺道人的正骨专家,他提倡普通骨折和脱臼要用正骨治疗,而复杂骨折才需要进行手术。由此可见,古人早就发现了正骨可以治疗一些简单的类似脱臼的骨伤。

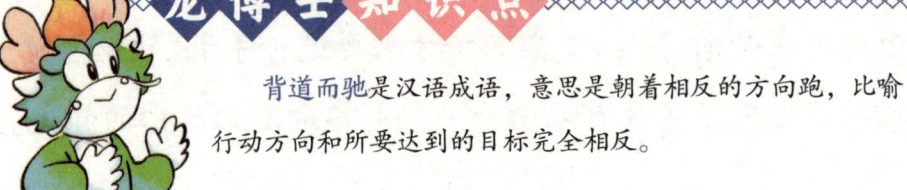

龙博士知识点

背道而驰是汉语成语，意思是朝着相反的方向跑，比喻行动方向和所要达到的目标完全相反。

蔺道人曾是一位精通医术的医僧，但当时唐朝经济衰退，为了解决经济难题，统治者下令让出家人还俗种地。这与出家人清心寡欲、不问世事的生活理念背道而驰，于是失望的蔺道人到山上过起了隐居的生活。在他隐居期间，村里有一位姓彭的老头经常帮他耕种田地。

有一天，彭老头的儿子上山砍柴时不小心从树上跌落，全身多处骨折和脱臼，躺在地上痛苦地呻吟。彭老头将这件事告诉了蔺道人，蔺道人便去看望病人的伤势。他没有开刀，而是用正骨技术将病人的骨头复位，并且用夹板固定。过了没多久，彭老头儿子的身体就痊愈了。

从那之后,蔺道人医术高明的事就传开了,去找他看病的人络绎不绝。蔺道人很讨厌这种生活,于是把一身医术毫无保留地传授给了彭老头,自己则另寻清净处隐居了。

龙博士知识点

络绎不绝是汉语成语,意思是行人车马来来往往,接连不断。

据说，彭老头认识蔺道人很多年，只知道他姓蔺，并不知道他真正的名字。因为蔺道人很长寿，所以彭老头认为他是神仙。在蔺道人去世后，彭老头将蔺道人传给他的医术整理成册。一部对后世影响深远的骨伤科专著《仙授理伤续断秘方》就此诞生了。

听了蔺道人的故事，聪小明感叹道："古人的智慧实在是了不起，如果我突然回到古代，也不用担心受伤了。"

龙懒懒被聪小明逗笑了，他继续说："我再给你讲一个现代接骨大师的故事吧。"

提到现代正骨大师，代表人物就是被称为"双桥老太太"的罗有明。

罗有明和许多中医学家一样很长寿，在她漫长的一生中，通过正骨技术治愈过很多病人，她的故事不胜枚举。

罗有明给人看病，只需要用手触摸，就知道病人的伤情是否严重，而她为病人接骨的手法也是又快又稳，通常病人还没反应过来，她就已经完成了正骨。

据说，罗有明在二十世纪七十年代时曾接诊过一位患者。这位患者腰部扭伤，行走吃力，是被两个朋友搀扶着来求诊的。可是他们到了罗有明的诊室后，罗有明只看了一眼，就说

龙博士知识点

不胜枚举是汉语成语，意思是无法一个一个全列举出来，形容同一类的人或事物很多。

时间太晚了,她要下班休息了,拒绝为患者治疗。

病人虽然心有不满,但也只能暂时离开。就在他们刚刚踏出诊室时,罗有明出其不意地用膝关节顶了病人的腰部一下。病人愣了一下,正要发火,却发现自己的腰伤竟然好了。随行的朋友都觉得十分神奇,这件事也很快就传开了。老百姓们开玩笑说:"打针吃药,不如罗有明一脚。"

罗有明却很谦虚地表示,自己的医术并没有人们说得那么神,但她用类似的手法治疗病患的故事可不少。由此可见,罗有明绝对称得上是现代版的蔺道人。

很多骨科医院的正骨医生都会"出其不意"地治好患者,但可千万别因为治疗过程短而觉得正骨这门手艺简单。毕竟一种治疗方法的创建,需要经过漫长的探索。

除了正骨，医生还会用哪些中药辅助治疗骨伤？

龙博士不小心受伤后，医生在他的胳膊上装了夹板，并用以下中药对他进行了辅助治疗。

接骨草：它有消肿止痛、活血散瘀的功效，能够在骨伤早期消除肿胀、缓解疼痛。

骨碎补：它有续伤、补肾、强骨的功效，在骨伤中后期能够促进骨骼生长。

伸筋草：它有祛风除湿、舒筋活络的功效，在骨伤中后期能够预防关节粘连、活动僵硬。

透骨草：它的功效与伸筋草基本相同。

第十节 拥有国家级保密配方的"神药"
——片仔癀

中医药方数不胜数,在历史的洪流中,有些错误的药方经不起考验而销声匿迹,有些则凭借卓越的疗效名扬四方,流传至今。

走进片仔癀博物馆,首先映入眼帘的是各种和片仔癀有关的简介,在这些简介中,我们可以看到它的由来。

相传在明朝嘉靖年间,片仔癀的配方是宫廷专属,还没有流入到民间。奸臣严嵩父子掌权,朝廷极其腐败,有一位御医对此很不满,于是带着片仔癀的配方逃离了皇宫,来到漳州的璞山寺削发为僧。

寺中的武僧日常练武难免会受伤，但百姓们发现他们的伤情总是很快就能恢复。当时社会动荡，战乱频发，瘟疫横行。这位御医出家后，当地就暴发了瘟疫，百姓被瘟疫折磨得苦不堪言，死伤无数。出家的御医不忍心看百姓受苦，于是根据自己从宫廷中带出来的配方制作了片仔癀，并且切成片，分发给百姓服用。百姓吃了药后，终于摆脱了瘟疫的折磨。

从此以后，百姓们都知道寺中有既可以疗伤又可以治疗瘟疫的神药。他们见这种药疗效很好，就想求取药方，但寺中人却守口如瓶，就连药名都不告诉百姓们。于是百姓们就根据药效，自发给这种"神药"取了"片仔癀"这个名字。意思是只需要一片，就能治好热、毒、肿、痛等症状。

龙博士知识点

苦不堪言是汉语成语，意思是指痛苦到达了极点，已经不能用言语来表达。

守口如瓶是汉语成语，意思是闭口不谈，像瓶口塞紧了一样，形容说话非常谨慎，严守秘密。

隐居在寺中的御医在临终前将片仔癀的配方告诉了寺院的住持,并再三叮嘱他药方不可以外泄。从此以后,片仔癀的配方在寺中代代相传。直到清末,寺中香火不旺,最后一任住持还俗,并与漳州馨苑茶庄的庄主结为夫妻。还俗后的住持在茶庄继续制作片仔癀并开始销售,片仔癀的配方就这样从寺中流入了民间。

听了龙懒懒的故事,聪小明好奇地问:"感觉片

仔癀也没多么厉害呀,为什么它的配方是国家级保密信息呢?"

"你先听听下面的故事吧。"龙懒懒说完,继续讲了起来。

二十世纪六十至七十年代，美国为争夺世界霸权，以遏制共产主义为由对越南、老挝、柬埔寨三国进行了侵略战争，主战场在越南。

越南地处东南亚，丛林中的蛇虫鼠蚁较多。美军作战时潜伏在丛林中，容易被毒虫咬伤。当时在战争中常用的抗生素对虫毒等的疗效不够好，但片仔癀却能轻松治愈这些病症。据说美军大量采购片仔癀，为在丛林中作战的士兵提供医疗保障，片仔癀因此在世界上名声大噪，但也因此被我国禁止出口。

1972年，中日建交时，片仔癀还被当作"国礼"之一赠送给日本首相。这一举

动在日本引发了一次片仔癀抢购热潮,片仔癀也在日本备受关注。日本医学博士山内慎一还写过一本《片仔癀战胜肝病》,详细阐述了片仔癀的功效,并且感叹它的神奇。

随着时代的发展,片仔癀生产商也开始顺应时代潮流,制造了牙膏等日用品。也正是这一决策,使片仔癀的知名度越来越高。

片仔癀里的成分都有哪些用途？

片仔癀至今只公布了四种成分，接下来龙博士要逐一介绍它们。

牛黄：除了前面提到的镇痛、解热功效，它还有促进胆汁分泌的功效。

麝香：它是成熟雄麝香囊中的干燥分泌物，具有通络散瘀、开窍醒神的作用，女性慎用。

三七：它具有活血化瘀、消肿止痛的功效。

蛇胆：它具有祛风除湿、解毒去痱的功效。

后记

非遗门类	项目序号	项目编号	子项
传统医药	441	IX-2	宋氏中医外科疗法等
传统医药	441	IX-2	中医诊法等
传统医药	443	IX-4	东阿阿胶制作技艺
传统医药	443	IX-4	老王麻子膏药制作技艺
传统医药	444	IX-5	针灸等
传统医药	970	IX-10	中医养生（灵源万应茶）等
传统医药	974	IX-14	药浴疗法等
传统医药	446	IX-7	同仁堂中医药文化
传统医药	445	IX-6	罗氏正骨法等
传统医药	443	IX-4	漳州片仔癀制作技艺

截至2022年7月12日，国家级非物质文化遗产代表性项目共计1557个，按照申报地区或申报单位统计，共计3610个子项。同名项目共享同一个项目编号，详见中国非物质文化遗产网·中国非物质文化遗产数字博物馆。

参考文献

[1] 罗贯中. 三国演义 [M]. 呼和浩特：内蒙古大学出版社，2001.

[2] 陈寿. 三国志 [M]. 长春：吉林大学出版社，2011.

[3] 谭健锹. 他们都有病：中国历史大人物的身体隐情 [M]. 北京：现代出版社，2017.

[4] 司马迁. 史记 [M]. 北京：中华书局，2011.

[5] 程佩. 剧说杏林——中医史微电影 [M]. 南昌：江西科学技术出版社，2018.

[6] 朱熹. 朱子文集 [M]. 北京：商务印书馆，1937.

[7] 韩兴贵，何召叶，密丽. 中医药故事 [M]. 天津：天津科学技术出版社，2020.

[8] 张盟. 东北非物质文化遗产丛书·民间体育技能与传统医药卷 [M]. 沈阳：东北大学出版社，2018.

[9] 陈玙. 夜幕下的哈尔滨 [M]. 北京：解放军文艺出版社，2008.

[10] 房玄龄. 晋书 [M]. 呼和浩特：远方出版社，2006.

[11] 向斯. 慈禧太后养颜长寿秘笈 [M]. 北京：团结出版社，2005.

[12] 灵源寺历代僧尼名录

[13] 葛洪. 神仙传 [M]. 北京：京华出版社，2000.

[14] 康熙. 庭训格言 [M]. 郑州：中州古籍出版社，2010.

[15] 于亮，金永年. 历史的对接：同仁堂传统文化与现代文明相融合的实践 [M]. 北京：北京出版社，2000.

[16] 乐崇熙. 清平乐北京同仁堂创始人乐家轶事 [M]. 北京：东方出版，2013.

遗脉相传 3

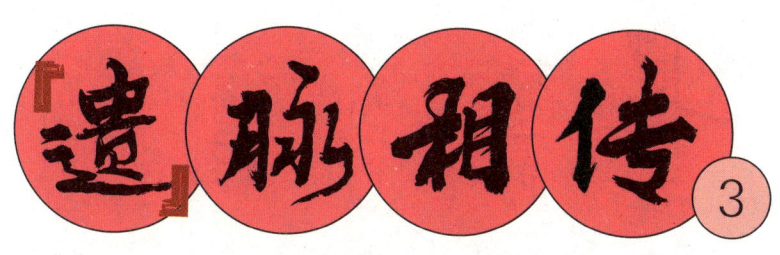

源远流长的传统民俗

魏景旭◎著
钢琴节奏◎绘

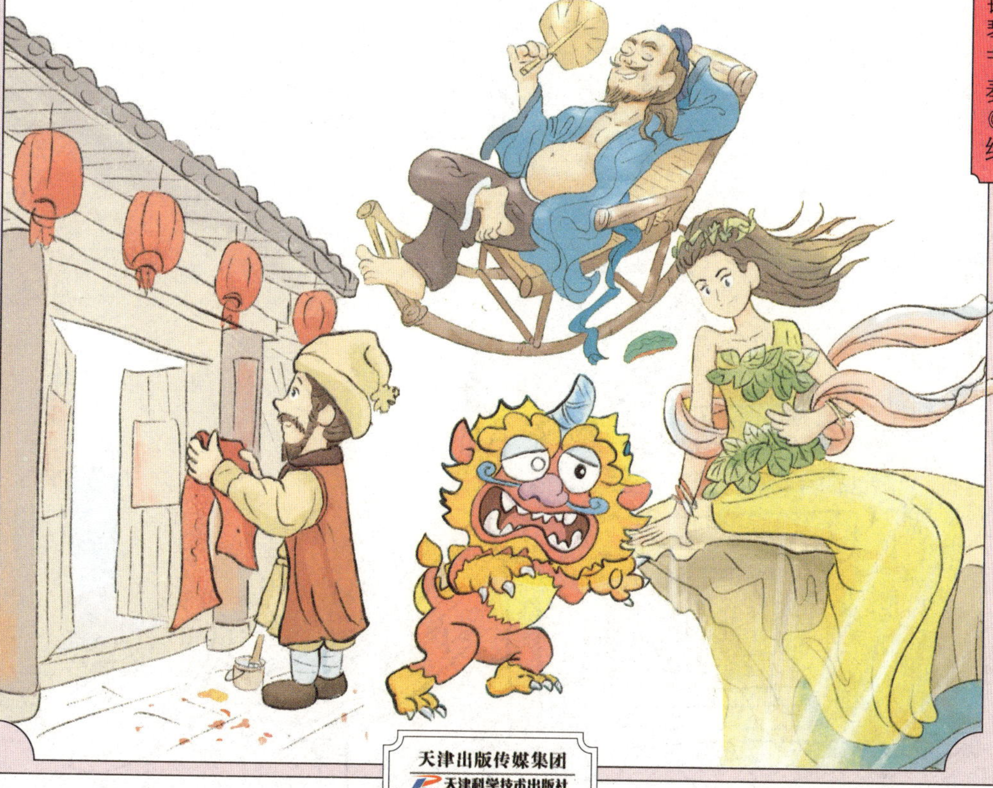

天津出版传媒集团
天津科学技术出版社

目录

- 04 第一节 辞旧迎新的传统节日——春节
- 13 第二节 象征团圆的传统节日——元宵节
- 23 第三节 缅怀亲人的传统节日——清明节
- 33 第四节 传递祝福的少数民族节日——泼水节
- 41 第五节 粽子飘香，龙舟竞渡——端午节

49 第六节 最具浪漫色彩的节日——七夕节

57 第七节 从对星辰的崇拜到探月——中秋节

67 第八节 这两个民俗在同一天——重阳节和妈祖祭典

75 第九节 感恩创世女神,展示民俗文化——女娲祭典

83 第十节 祭祀神灵、祈求丰收的传统节日——腊八节

第一节　辞旧迎新的传统节日——春节

　　百节年为首，春节对中国人来说是最重要的节日。所有缺憾和不圆满都会在这天消失，美好的愿望和祝福随着零点的钟声一同扬帆起航。

　　中国的传统节日多数与一些有趣的神话传说有关，正月初一的春节就是其中之一。

传说在中国古代有一种长相丑陋的怪兽，它头大身子小，头顶有尖角，牙齿锋利，眼睛大得像铜铃，总之长得既丑陋又可怕。这种怪兽在吼叫时会发出"年"的声音，所以人们叫它年兽。

年兽性情凶猛，但十分懒惰，平时都在睡觉，每年只有到除夕这一天它才会出来兴风作浪。

龙博士知识点

兴风作浪是汉语成语，形容煽动情绪，挑起事端或进行破坏活动。

这一年除夕到了,人们惶惶不安,开始收拾东西,准备躲避灾难。这时,村里来了一个乞讨的老头,他要在村子里留宿一晚,还声称会把年兽赶走。

龙博士知识点

惶惶不安是汉语成语,形容心中惊慌害怕,心神不安定。

屁滚尿流是汉语成语,形容非常惊恐或十分狼狈的样子。

夜晚来临,年兽来到村子,发现一户人家竟然亮着烛光。年兽觉得自己受到了挑衅,于是发出了很凶狠的叫声:"年……"

年兽冲进院子后,发现门上贴着红纸。就在此时,院子里燃烧的竹子发出了"噼里啪啦"的声音。年兽惧怕声响,被吓得浑身发抖。紧接着房门打开了,那个老头穿着一身红色衣服走了出来。年兽被自己惧怕的声音和颜色吓到,只能屁滚尿流地逃跑了。

逃难回来的村民们从此知道了年兽的弱点。于是每年除夕夜，大家都会在门上贴上红色的对联并燃放鞭炮，那之后年兽果然没再出现过。人们为了庆祝年兽被赶走，便在大年初一这一天走亲访友互相问候。这种风俗流传下来，成了中国最重要的节日——春节。

听了龙懒懒的故事,聪小明笑着感叹起来:"年兽真是可爱的怪兽啊!"

龙懒懒一脸疑惑地看着聪小明。

聪小明继续说:"年兽虽然坏,但如果没有它,我们就没有那么多类似收压岁钱的有趣习俗了。"

聪小明提到了压岁钱,龙懒懒又想起另外一个神话故事。

传说远古时代有一个叫"祟"的妖怪,它长着黑黑的身子,雪白的手掌。它"妖"如其名,每年春节前的除夕夜都会鬼鬼祟祟地出来害人。

它害人的方式很简单,就是在熟睡的小孩的额头上摸一下,被它摸的孩子会吓得大哭,然后发高烧,并且整夜

龙博士知识点

鬼鬼祟祟是汉语成语,形容行动偷偷摸摸,不光明正大。

说胡话。一段时间后小孩的高烧会退去，但他们并不会就此恢复健康，而是会变成疯疯癫癫的傻孩子。

人们害怕自己的孩子会被这个妖怪摸额头，所以除夕夜就整夜点着灯，陪孩子一起玩，不让孩子睡觉，这就叫作守祟。因为"岁"与"祟"是同音字，而且春节到来后人都会长一岁，所以"守祟"就变成了"守岁"。

除了守岁之外，人们还有另外一种方式对抗这个妖怪，那就是在孩子的枕头下放一枚"压胜钱"，祟在碰到小孩之前，压胜钱会发出金光，吓走妖怪。后来压胜钱也演变成了现在的压岁钱。

虽然现在收压岁钱等习俗还保留着，但也有不少传统习俗要被人们淡忘了。要传承传统文化，我们还是应该把这些习俗捡起来。

春节都有哪些传统"食俗"？

新年到了，龙博士不仅收到了压岁钱，穿上了新衣服，还吃到了很多春节特色美食，接下来龙博士就一一介绍这些美食。

饺子：饺子的形状和金元宝很像，吃饺子意喻图个吉利，希望新的一年鸿运当头。

年糕："糕"和"高"是同音字，过年吃年糕，是寄望可以一年更比一年高。

春卷：春卷的馅料多种多样，多是各种蔬菜或红豆，吃春卷寓意着新的一年五谷丰登。

第二节　象征团圆的传统节日——元宵节

元宵节是新的一年中第一个月圆之夜，在古代，这天城门大开、万人空巷、灯火似海、全民欢庆。

我国的所有节日习俗都和正史或是民间传说有关，春节如此，元宵节也不例外。

13

在古代传说中，妖兽和精怪无所不在。人们为了生存，与这些伤人的妖兽斗智斗勇。有一天，一只神鸟被对抗妖兽的人们误杀了，天帝十分生气，决定在正月十五火烧人间。

好心的仙女不忍心看百姓受到伤害，于是偷偷来到人间，告诉人们在正月十四到正月十六这三天点上灯笼，燃放烟花爆竹。天帝看到人间一片火光便以为人间已经陷入了火海，就没有继续下令放火。

为了纪念这个日子，人们把每年正月十五定为元宵节，这天大家都会点亮灯笼、燃放烟花爆竹。

元宵节除了闹花灯、舞龙灯外还有很多其他习俗，比如逐鼠、猜灯谜等。关于猜灯谜这个习俗，就有一个有趣的小故事。

明太祖朱元璋有一次在元宵节当晚出游。他来到了元宵节灯会的现场，看着美丽的花灯以及灯笼上的灯谜，心情十分愉快，但当他看到其中一只灯笼上的画后，心情瞬间就"晴转多云"了。

灯笼上画着一个光着脚的妇女，妇女的脚很大，怀中抱着一个大西瓜，还长着一张长长的马脸。这原本只是一幅普通的画，但朱元璋却越想越不对劲儿。多疑的朱元璋勃然大怒，下令搜捕画师。由于没有找到画师，他为了泄愤，就下令把附近的居民尽数屠杀。

龙博士 知识点

勃然大怒是汉语成语，指突然变脸或发脾气，形容人突然之间愤怒至极的样子。

百姓们本来只是趁着元宵节欢庆娱乐，为什么一个灯谜就给他们引来了杀身之祸呢？

原来朱元璋认为光着脚的妇女是在暗示自己的马皇后。"怀"和"淮"是同音字，因此朱元璋认为妇女怀抱西瓜，指的是淮西，而马皇后正是淮西人。

在古代的一些时期，"三寸金莲"是评判美女的一个重要标准，但马皇后出身贫寒，并没有裹足。因此朱元璋认定画师在嘲讽自己心爱的皇后脚大。

除了以上解读之外，朱元璋还认为西瓜看起来和人的光头很像，而他自己又当过和尚，他觉得画师不仅嘲讽马皇后，还暗示他的出身卑微。

龙博士知识点

三寸金莲指的是小至三寸并且弓弯的脚，是宋代后出现的残害妇女的陋习。

听了龙懒懒的故事,聪小明一边发抖一边说:"龙懒懒,你还是给我讲一些有趣的故事吧,刚才的故事太残忍了。"

龙懒懒点头,继续讲起了另一个民俗故事。

吴县有一个叫张成的人,靠养蚕为生,但每年他的蚕都会被老鼠偷吃不少。这天晚上他起来上厕所,忽然看见东南角站着一位妇人。妇人对张成说:"这里是你家养蚕的地方,我是这个地方的神,明年正月十五的时候,你做好白粥,上面盖上肉末来祭祀我,我就能让你家的桑蚕丰收。"张成按照妇人说的去做,老鼠果然没有再吃他的蚕。

后来人们每年正月十五都会准备好白粥,并在上面盖一层肉,放到老鼠经常出没的顶棚、墙角,边放边念念有词,

诅咒老鼠如果吃了白粥还吃蚕宝宝就不得好死。这项活动后来发展成了元宵节的习俗——逐鼠。

龙博士知识点

念念有词是汉语成语，旧指迷信的人小声念咒语或说祈祷的话，现在指人不停地自言自语。

听了龙懒懒的故事,聪小明说:"还是古代的民间传说有意思呀。"

龙懒懒继续说:"那当然了,除了有意思的古代传说,还有很多有趣的近现代故事呢。"

民国时期,袁世凯称帝。当时北京城内有很多售卖元宵的人,因为"元宵"的谐音是"袁消",有坊间传言说袁世凯认为元宵很不吉利,他忌讳这些不吉利的东西,于是下令将元宵的叫法改成汤圆。

这个传言在当时流传得很广,1916年的元宵节,袁世凯一家聚在一起吃元宵,有人把民间的传言告诉了袁世凯,袁世凯听后并没在意,他实际上觉得"袁"和"元"是同

音字，但意思完全不一样，没什么值得忌讳的……

"天心月圆，华枝春满"，元宵节是农历春节后第一个重要的节日，如果说腊八节是年的开始，那么元宵节就是年的结束了。

龙博士知识点

袁世凯

"中华民国"首任大总统。他是中国近代史上最具争议的人物之一，后人对他的评价褒贬不一。

元宵节都有哪些传统"食俗"?

看完了美丽的烟花,龙博士肚子饿了,接下来龙博士要介绍一下今天的食谱。

元宵(汤圆):寓意团团圆圆,阖家幸福。

生菜:广东人过元宵节时喜欢"偷"摘生菜,生菜是"生财"的谐音,象征吉祥富贵。

面灯:北方地区喜欢用面粉做成漂亮的灯盏,寓意吉祥如意,辟邪祛病。

面条:元宵节结束要落灯,落灯时吃面条寓意喜庆绵绵不断。

第三节 缅怀亲人的传统节日——清明节

我们对祖先的思念与缅怀在清明节这天弥漫到漫山遍野。纷纷细雨渗入黄土，将我们的怀想带到先辈身边。

清明节也是二十四节气之一。清明节的习俗有踏青、扫墓、植树……

二十四节气的时间规律

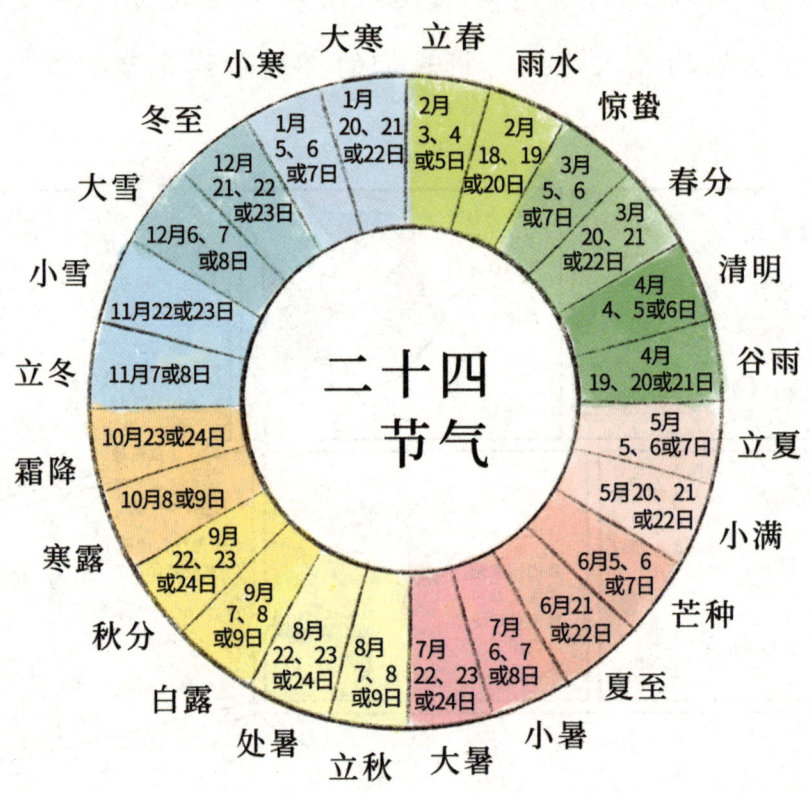

二十四节气是非物质文化遗产，包括立春、清明、夏至、秋分、冬至等二十四个时节和气候。

关于清明节扫墓和植树习俗的来历，有这样一个故事。

春秋时期，晋献公的妃子骊姬为了让自己的儿子继承王位，设计谋害了太子。太子的弟弟重耳为了避难四处流亡。在流亡期间，他们逃到了卫国地界。一名随从偷走了食物，重耳没东西可以吃，饿得连路都走不动。他们向农民乞讨，不仅没能要来食物，还被农民取笑。

一名叫介子推的随从不忍心看重耳饿死，就躲起来，将自己腿上的肉割下来一块，与野菜放到一起煮了一锅汤。重耳发现真相后，十分感动，并且承诺要好好报答介子推。从此以后，重耳开始了长达十九年的流亡生涯。

龙博士知识点

重耳

重（chóng）耳全名姬重耳，春秋时期晋国的第二十二任君主。

十九年后，他重新夺回了晋国政权。在重新得势后，重耳将当初陪他逃难的大臣都加官晋爵，唯独

忘记了介子推。虽然介子推并不在意，但很多人都为他鸣不平。经人提醒，重耳才想起当年的事，他后悔不已，想要给介子推封官，但介子推已经躲到了绵山隐居。

　　重耳带人到绵山搜索了几次都没有找到介子推，于是有人提议放火烧山，只留出一条生路，那样，如果介子推真在山上的话，他一定会从那条路下山。重耳听取了对方的建议，从三个方向放火，结果直到大火熄灭，介子推始终都没出现。

重耳带着众人踏着灰烬上山找人，结果在一棵老柳树下发现了介子推和他的母亲，两人抱在一起靠着老柳树，已经失去了生命。重耳十分悲伤，他当场大哭。在为介子推收尸时，重耳在介子推身后发现了一个树洞，树洞里还放着一封血书。

为了纪念介子推，重耳下令将绵山改名为介山，并且将这天定为寒食节。第二年重耳去介山祭拜介子推，发现被烧死的老柳树竟然发了芽，重耳不禁折下柳枝戴在头上，以表对介子推的纪念，并且把寒食节的后一天定为清明节。

这一天百姓会插柳条、扫墓祭拜……

龙博士知识点

清明节前一天是寒食节,这天禁烟火,只吃冷食。

《史记》是二十四史之一,作者是司马迁;《左传》是为解释孔子的《春秋》而创作的编年体史书;《庄子》是道家经典著作,作者是庄周。

听了龙懒懒的故事,聪小明有些难过:"天啊,介子推好惨。"

"虽然这个故事的结局很不好,但我猜测这是古人为了歌颂介子推特意编出来的。"龙懒懒安慰聪小明说。

见聪小明一脸不解,龙懒懒继续说:"《史记》《左传》等史书提过介子推,但并没有说他是怎么死的。《庄子》中记载介子推是被火烧死的,但也没有说纵火者是重耳。"

除了史书之外，一些古诗词中也提到过介子推和清明节。

黄庭坚写过一首《清明》：

清明

佳节清明桃李笑，野田荒冢只生愁。

雷惊天地龙蛇蛰，雨足郊原草木柔。

人乞祭余骄妾妇，士甘焚死不公侯。

贤愚千载知谁是，满眼蓬蒿共一丘。

龙博士 知识点

桃李笑：用拟人手法形容盛开的桃花、李花。

蛰：动物冬眠。

蓬蒿（hāo）：杂草。

丘：指坟墓。

全诗大意是清明佳节时桃李盛开，野田上长满荒草的坟墓令生者感到凄凉。春雷滚滚，惊醒冬眠的蛇虫；春雨绵绵，大地上的草木受到滋润变得柔美无比。古时候有人经常在墓地出入向扫墓者乞讨祭祀用的食物，回家后还跟妻子吹嘘，也有介子推那样宁愿被火烧死也不做官的高尚之人。不管是贤者还是平庸之辈，千年后又有谁知道呢？最后留在世上的只有一丘乱蓬蓬的野草罢了。

　　清明节也是我国重要的传统节日，为了弘扬我国传统民族文化，2008年时它被正式确立为法定假日。

清明节都有哪些传统"食俗"?

今天是清明节,龙博士带着很多特色美食去扫墓,接下来龙博士要一一介绍这些美食。

青团:吃青团是为了纪念先人,寓意团圆。

煮鸡蛋:吃鸡蛋象征圆圆满满。

枣糕:枣糕又叫子推饼,吃枣糕的寓意是纪念介子推高尚的品格。

第四节 传递祝福的少数民族节日
——泼水节

　　泼水节是傣族的新年，这一天人们将欢声笑语和最美的祝福融入水里，通过泼水的方式传递给其他人。

　　清明节后十天左右，傣族人民就迎来了他们的新年——泼水节。关于泼水节的由来，有这样一个传说。

在很久以前，傣族人的家乡就是个美丽富饶的地方，人们安居乐业，生活平静。有一天，一个魔王突然出现了，这个魔王长相丑陋，作恶多端。

魔王拥有操控火焰的魔法，他的到来让这个地方变得干旱，农民的庄稼颗粒无收。他不仅祸害庄稼，还喜欢抢夺美丽的女孩做妻子。魔王的到来，打破了当地百姓平静的生活。

龙博士知识点

作恶多端是汉语成语，意思是做了许多坏事。

酒过三巡虽然看上去像成语，但它并不是成语，而是俗语。意思是喝了很长时间的酒。

口不择言是汉语成语，意思是情急时说话不能正确用词表达或指说话随便。

有一天，一个叫婻粽布的女孩决定消灭魔王，虽然魔王刀枪不入，她不知道该怎么办，但她还是勇敢地去找魔王，并且主动提出要和魔王结婚。魔王看她人长得漂亮，便满心欢喜地答应了。他自认为本事通天，但狂妄自大的他怎么也想不到这个女孩想杀死他。

嫁给魔王后，婻粽布一直在寻找魔王的弱点，但她的计划始终没有什么进展。这年的傣族新年，女孩和魔王抢来的六个女孩做了一桌好菜，还准备了很多美酒。这七个女孩对着魔王溜须拍马，把魔王哄得团团转，十分高兴的魔王也喝了很多酒。酒过三巡，魔王醉了，开始口不择言。

婻粽布见时机到了，就旁敲侧击地说羡慕魔王能够长生不死，没有任何弱点。魔王听了之后说，其实他也有弱点。婻粽布继续打听，魔王就让另外六个女孩离开，只把自己的弱点告诉婻粽布一个人。另外六个女孩走后，魔王说他自己的头发就可以割断他的脖子。知道魔王的秘密后，婻粽布趁着魔王熟睡，就偷偷拔下了魔王的一根头发，将其杀死了。

魔王虽然被杀死了,但它的头却变成了火球,滚到哪里,就会在哪里引起火灾。眼见家乡要被大火烧毁,婻粽布抱起了火球不让它滚来滚去。这时候另外六个女孩也赶到了,她们和婻粽布轮流抱着火球,并且用水泼向怀抱火球的人。魔王被彻底消灭后,人们为了纪念这七个女孩,把这天定为了泼水节。向别人身上泼水,也成了表达祝福的方式。

听了龙懒懒的故事,聪小明说:"这个故事好感人,有没有出动画片?"

龙懒懒笑着说:"这个传说确实被改编成了动画片,还在电视上播出过呢。"

聪小明接着问:"我还想再听一些和泼水节有关的故事,龙懒懒你再给我讲讲吧。"

龙懒懒点头说:"泼水节又叫浴佛节,下面这个故事和佛教创始人释迦牟尼有关。"

两千多年前的古印度有一个富饶的王国，国王叫净饭王。净饭王为人和善，又有治国才能，唯一的遗憾是没有孩子。他有两名妻子，其中一名妻子叫摩耶夫人。

有一天，摩耶夫人做了一个梦，梦到一头长着六根象牙的大白象钻进了她的肚子，不久之后，她就怀孕了。按照当时的习俗，怀孕的女子要回娘家，摩耶夫人在回娘家的路上突然感觉肚子疼，没多久就生下了孩子，这个孩子就是释迦牟尼。

释迦牟尼刚一出生就会走路，他两只脚各踩着一朵莲花，一手指天，一手指地。此时天地振动，天降祥瑞，天空中出现了九条龙，它们一起向释迦牟尼吐水，给释迦牟尼洗澡。

在传说中，释迦牟尼出生这一天就是泼水节，因此现在的傣族人在过泼水节时，还会举行"浴佛"仪式。

傣族人的泼水节既热闹又盛大，如果有机会去云南旅游，一定要掐算好时间，亲身体验一下泼水节的欢乐氛围。

龙博士知识点

祥瑞，指的是吉祥的征兆。空中出现彩云、地上出现甘泉、龙凤等珍禽异兽都是祥瑞之兆。

泼水节都有哪些传统"食俗"?

少数民族的美食让人垂涎三尺,龙博士忍不住跟大家分享一下。

豪罗梭:豪罗梭俗称傣族粑粑,它是一种年糕。寓意是过了一年,又长了一岁。

酸笋煮鱼:寓意年年有余。

香茅草烤鸡肉:香茅草是云南菜和东南亚菜中常用到的调料,它寓意着驱邪纳福。

第五节 粽子飘香，龙舟竞渡——端午节

粽叶淡淡的香气裹挟着黏黏的糯米，在品尝美味时，我们不仅能够感受到溢满味蕾的甜蜜，还能想起关于端午节、关于粽子的众多典故。

每年农历五月初五就是端午节，据不同史书记载，它的来历说法也不同。有的说法认为端午节是中国古代南方吴越民族举行图腾祭的节日，更多说法是和历史人物有关，其中流传最广的就是屈原投江的故事。

屈原是战国时期的楚国人，当时秦国和楚国在进行权力争斗，屈原组织壮丁抵抗秦国的侵略，因此受到了楚怀王的重视。但是好景不长，屈原主张楚国实行变法，触犯了贵族的利益。贵族们为了保住自己的地位和财富，想方设法排挤屈原。最终楚怀王听信了这些小人的话，疏远了屈原，并且把他先后流放到汉北（今湖北）和沅、湘流域（今湖南）。

龙博士知识点

屈原

战国时期楚国诗人。1953年，世界和平理事会通过决议，确定屈原为当年的"世界四大文化名人"之一。

被流放的屈原郁闷无比，又无可奈何。后来秦国攻占了楚国，秦王邀请楚怀王去秦国讲和。屈原知道秦王没安好心，冒死回到了宫中想要劝说楚怀王不要去，但楚怀王不听屈原的话，反而将他赶走了。不久之后楚怀王就被秦国囚禁，最终死在了秦国。

楚顷襄王继位后，选择了妥协，不再与秦国抗衡，但楚国最终还是难逃灭国的命运。屈原对国家前途感觉十分绝望，最终他就抱着石头跳进江里，以身殉国。

龙博士知识点

以身殉国是汉语成语，意思是忠于自己的国家而献出生命。

楚国的百姓听说屈原投江后,都觉得十分悲伤,他们全都跑到江边怀念屈原。百姓们担心屈原的遗体会被鱼虾吃掉,就将糯米用粽叶包裹住,连同鸡蛋一起扔进江里。鱼虾有了食物,就不会伤害屈原的遗体了。

以后的每年五月初五,人们都会来到江边扔粽子和鸡蛋,以此纪念屈原。这一天也就慢慢成了端午节。

听了龙懒懒的故事,聪小明悲伤地说:"以前我还觉得粽子甜甜的,很好吃,但现在感觉那味道有点苦,就像屈原当时的心情一样。"

龙懒懒点头说:"所以我们一定要传承屈原的爱国精神。"

聪小明说:"龙懒懒,端午节的习俗那么多,一定还

有更多故事吧？我还想听呢。"

龙懒懒得意地说："端午节有划龙舟、戴五彩绳、挂艾草等民俗，我接下来要讲的故事是关于一个比较少见的民俗——跳钟馗。"

跳钟馗这个习俗和唐明皇李隆基有关。相传，有一年李隆基得了重病，治疗了将近一个月都没好，太医也不知道他究竟得了什么病。这天晚上李隆基梦到了一大一小两个长相奇怪的家伙。小怪人偷了李隆基的玉笛子和杨贵妃的紫香囊。在它逃跑时，大怪人把它抓到了并且将其制服。大怪人对李隆基说：

"臣是天师钟馗，我发誓会为陛下除掉天下所有的妖孽。"

李隆基醒后，折磨他将近一个月的怪病竟然好了。他想到了自己的梦，就叫画师吴道子根据自己梦中的情景，画了一幅《钟馗捉鬼图》。吴道子的画作完工后，李隆基发现画中的情景竟然和他的梦一模一样。

后来钟馗画从皇宫走入民间，每到端午节，民间都会用黄纸盖上朱砂印，或者画上天师钟馗的画像，悬挂在门市上售卖。百姓都争着抢着购买，回家将画像贴在门上，驱邪除害。

每年端午节时，有些人会为吃甜粽子和咸粽子展开辩论。虽然大家只是在开

玩笑，但也说明了人们对端午节很重视。在品尝粽子时讨论粽子的口味，也是一件很有意思的事呢。

龙博士知识点

吴道子

唐代著名画家，被尊称"画圣"。他一生创作了无数作品，在宗教绘画上有突出成就。

端午节都有哪些传统"食俗"？

端午节除了赛龙舟、戴五彩绳这些有趣的习俗外，还有很多美食可以吃，接下来龙博士就一一给大家介绍。

粽子：端午节吃粽子是为了纪念屈原，传承爱国精神。

大蒜蛋：民间有"端午不吃蒜，怪从门前钻"的说法，吃大蒜蛋寓意着避开一些不好的东西。

雄黄酒：古代五月被称为毒月，蜈蚣、毒蛇、蝎子、壁虎和蟾蜍这"五毒"出没，喝雄黄酒寓意远离毒物，身体康健。

绿豆糕：一些地区端午节会吃绿豆糕，寓意飞黄腾达，高中状元。

第六节　最具浪漫色彩的节日——七夕节

喜鹊知道牛郎对织女的思念，农历七月初七，它们将思念连成一道桥，将牛郎送到织女身边，两人的爱情在这天汇入星河，化为万丈光芒。

提到七夕节，我们首先能想到的就是中国四大民间传说中的牛郎织女的故事。

传说在很久很久以前，南阳城西的牛家庄住着一个叫牛郎的小伙子。牛郎的父母去世得早，他从小就跟着哥哥和嫂

49

子一起生活。

哥哥和嫂子对牛郎很不好,经常让他干一些重活,每天天不亮就让他上山放牛。回家后牛郎也没有好东西吃,哥哥嫂子还让他住在牛棚里。家里唯一不会欺负牛郎的只有那头老黄牛,牛郎也就把它当成了自己最好的朋友。

虽然牛郎很听话,但哥哥和嫂子还是看他不顺眼,想把他毒死,还好老黄牛救下了他。后来哥哥嫂子提出了分家,牛郎没有要其他财产,只要了那头老黄牛。从此以后他就和这头老黄牛相依为命。

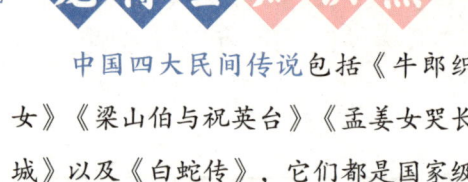

龙博士知识点

中国四大民间传说包括《牛郎织女》《梁山伯与祝英台》《孟姜女哭长城》以及《白蛇传》,它们都是国家级非物质文化遗产,类别为"民间文学"。

这天，天上的织女和六个姐姐下凡玩耍，她们跳进了河里洗澡，这一幕被放牛的牛郎无意间看到了。这时候老黄牛突然开口说话了："她们是天上的仙女，只要你偷走织女的五彩仙衣，织女就能成为你的妻子。"牛郎按照老黄牛说的做了，果然和织女结为了夫妻。

牛郎和织女男耕女织，生活过得十分幸福，还生下了一男一女两个小孩。但是好景不长，这件事被天上的王母娘娘知道了。王母娘娘十分生气，怒发冲冠的她带着天兵天将来到了人间，把织女带回了天庭。

龙博士知识点

怒发冲冠是汉语成语，意思是愤怒得头发直竖，把帽子都顶起来了，形容愤怒到了极点。

牛郎没有法力，不能飞天，十分着急。这时候老黄牛又说话了，它说自己已经老了，在它死后，牛郎只要扒下它的皮披在身上，就可以飞到天上去。老黄牛说完就咽了气。牛郎含着眼泪按照老黄牛的吩咐做了，然后他披着牛皮，带着两个孩子飞到了天上去追织女。

就在牛郎快要追上时，王母娘娘拔下头上的金钗，大手一挥，两人之间出现了一条又长又宽的银河。牛郎和织女就这样被隔开了，每天只能隔着银河看着对方流眼泪。

后来玉皇大帝被牛郎和织女的爱情感动，就允许他们每年农历七月初七相聚一次。每到这一天，凡间的喜鹊就会飞到天上，在银河上搭一座桥，帮助牛郎和织女团聚。传说在七夕节这一天，在葡萄架下还能听到牛郎和织女说话呢。

听了龙懒懒的故事,聪小明立刻站起了身。龙懒懒好奇地问:"你要干什么去?"

"我要去葡萄架下,听听牛郎和织女在说什么。"

龙懒懒忍不住笑着说:"等天黑之后我们再去,我还有一个和七夕节有关的故事没讲呢。"

七夕节有晒衣晒书的习俗，在一些古人眼中这只不过是富人在炫耀自己家的衣服都是绫罗绸缎，文人在炫耀自己藏书多、有文化罢了。

　　晋代有一个叫郝隆的人，他生性狂妄，自认为很有才华，学富五车。农历七月初七这一天，人们都在家里忙着晒衣服晒书，他却躺在院子里，将衣服敞开，露着肚皮躺在炎炎烈日之下。

　　路过的人见他举止不雅，好奇地问他在干什么。郝隆说他在晒书。对方看了看四周，一本书都没看到，于是就问他书在哪里。郝隆指着自己的肚皮，意思是自己的肚皮就是书。用现代的话讲，他的意思相当于在说自己的肚子里都是墨水，很有文化。

虽然七夕节不是法定节假日，但却是年轻人最喜爱的节日之一。每年农历七月初七，大街上都会挤满了人，感受着这个最浪漫的节日的氛围。

龙博士知识点

学富五车是汉语成语，形容读书很多，学问大。

七夕节都有哪些传统"食俗"？

七夕节的美食多与织女有关，看完了故事，跟龙博士一起解解馋吧。

巧果：巧果又叫七巧果、乞巧果，古代女子希望自己心灵手巧，流行吃巧果，意在希望织女赏赐自己一双巧手。

巧酥：巧酥中含有花生，女子吃巧酥，有早生贵子的寓意。

鸡：有些地方七夕节会吃公鸡，那里的人认为公鸡不打鸣，七夕就不会结束，牛郎织女也就不会分开，吃公鸡寓意对情侣的美好祝福。

无根水：无根水就是露水，传说七夕的露水是织女的泪水，喝无根水寓意祛除病症。

第七节　从对星辰的崇拜到探月——中秋节

八月十五的圆月洒下如水似银的月光，人们观赏着月亮，祝愿思念之人平安长久，希望亲人可以与自己一起欣赏天上那轮皎洁美好的圆月。

每年农历八月十五是中秋节，人们会在这天吃月饼、赏月，月圆人团圆。

关于月亮的神话传说有很多,其中最家喻户晓的就是嫦娥奔月的故事。

龙博士 知识点

家喻户晓是汉语成语,意思是每家每户都知道,形容人所共知。

传说在上古时代,天空中有十只三足金乌,它们轮流化身太阳照耀大地,但有一天不知怎的它们一同现身,十个太阳整天挂在天上,将人间变成了大烤炉。温度太高,植物没办法生长,庄稼颗粒无收,就连人们赖以生存的水源都被太阳晒干了。

就在人们处于巨大灾难中时,一个叫后羿的英雄出现了,他天生神力,能够拉动可以射杀三足金乌的大弓。

后羿将九个太阳射下来,只留下一个。最后一个太阳也不再每时每刻烘烤大地,而是每天准时升起落下,就这样人间又有了白天和黑夜。

后来后羿娶了一个善良美丽的妻子,她就是嫦娥。有一天后羿外出遇到了西王母,西王母送给他一粒吃了可以长生不老、升天成仙的仙药。后羿想挑选一个好日子,和嫦娥一起分享仙药成仙,于是先将仙药交给嫦娥保管。

这件事被一个叫逢蒙的品行不端的小人知道了。八月十五这天,逢蒙趁着后羿外出打猎,打算抢走仙药。嫦娥担心逢蒙吃了仙药后长生不老祸害百姓,情急之下就自己吃掉了仙药。吃掉仙药后,嫦娥就飘了起来,越飘越高,径直飞向了月亮。

人们把善良的嫦娥当成月神,为了纪念她,每年八月十五都在院子里摆放食物祭祀嫦娥,其中就有月饼。

一提到月饼,聪小明就开始流口水了。

龙懒懒忍不住笑着说:"别急着流口水,中秋节的特色美食除了月饼,还有桂花糕和桂花酒呢,而关于桂花酒的由来,有这样一个传说。"

龙博士知识点

《孟子·离娄下》中记载，逢蒙跟后羿学射箭，学得技巧后，他认为世间只有后羿的箭术比他强，于是便杀死了后羿。

传说汉朝时有一个叫吴刚的人，他为了成仙无所不用其极，这让玉皇大帝十分生气。玉皇大帝惩罚他到月宫砍伐一棵高大的桂树，还哄骗吴刚说，只要他砍倒了桂树，就可以获得仙术。

从此以后，吴刚就在月宫砍桂树。但他每次刚用斧子把桂树砍伤，桂树的伤就会马上愈合。就这样，吴刚日复一日，年复一年，每天都在坚持砍树，但桂树始终如故。吴刚终于觉得这样的日子太无聊了，他想做一些别的事。

这天中秋节，桂树开花了，桂花的香气让吴刚想起人间没有桂树，他决定把桂树的种子带到人间。吴

龙博士知识点

无所不用其极是汉语成语，指为了达到目的，什么卑鄙的手段都使出来了。

刚来到人间后,先后变成瘫痪的男人和可怜的老头,测试一位外号叫仙酒娘子的寡妇是否善良。仙酒娘子不顾他人的闲言碎语,先后收留了瘫痪的男人和可怜的老头。为了感谢仙酒娘子,吴刚就把桂花的种子送给了对方。日后,仙酒娘子不仅种出了桂花树,还酿出了桂花酒。

除了神话传说之外,一些诗词中也同样提到过桂花种子是从月宫传入凡间的。

宋代诗人楚娘就写过一首名《桂花》的诗:

丹桂迎风蓓蕾开,摘来斜插竟相偎。
清香不与群芳并,仙种原从月里来。

除了嫦娥之外，有一位皇帝也到过月亮上，还参观了广寒宫呢。这位皇帝就是唐玄宗李隆基，他是通过做梦的方式登上月亮的。

相传，一天晚上李隆基梦到自己来到了广寒宫外，他十分激动地走进去参观，刚逛了一会儿，就听到了一首悠扬动听的曲子。紧接着各种乐器的声音接连出现，其中还有他最爱的笛子。他正要看看是谁在吹笛子时，宫女却把他吵醒了。

李隆基很想再去广寒宫游览，却始终没能如愿。好在

宫廷的乐师们创作出了他梦境中的音乐,也就是颇为著名的《霓裳羽衣曲》。

从古代传说就能看出,人们对银河寰宇的向往亘古不变。但古代的人们认为只有成仙,才能够登上月亮。他们绝对没想到科学飞速发展的今天,人类登上月亮的梦想竟然能成为现实。

由此可见,一些现在看上去可能不切实际的梦想,在未来说不定也能实现呢。

中秋节都有哪些传统"食俗"?

月饼:人们把月饼当作吉祥、团圆的象征,吃月饼寓意阖家团圆。

桂花糕:糕与"高"同音,中秋又是桂花收获的季节,吃桂花糕寓意步步高升,五谷丰登。

桂花酒:桂花是吉祥之花,喝桂花酒象征着吉祥。

大闸蟹:中秋时节大闸蟹肥美,蟹又与"谢"同音,中秋送人大闸蟹,可以表达感谢之情。

第八节 这两个民俗在同一天
——重阳节和妈祖祭典

重阳节既有"采菊东篱下,悠然见南山"的金秋美景,也有"遥知兄弟登高处,遍插茱萸少一人"的惆怅。

农历九月初九是重阳节,是道教中升天成仙最好的时间。古代人对神仙极为崇拜,因此和这一天有关的神话故事数不胜数。妈祖祭典的来历就和重阳节有关。

龙博士知识点

妈祖祭典是国家级非物质文化遗产，在妈祖诞辰（农历三月二十三）和升仙日（农历九月初九）举行。

相传，妈祖原名林默，公元960年，她在今莆田市湄洲岛出生。据古籍记载，妈祖的母亲在一天夜里梦到了观音大士，观音大士慈祥地称许她们一家行善积德，并赐给了她一丸药，妈祖的母亲吃下药后就怀上了妈祖。妈祖出生的那一天，天降红光，四周隆隆作响，一片祥瑞之兆。

妈祖从小就聪明过人,古时候没有天气预报,但她却能够根据天象预测天气。她勤奋好学,长大后精通医术,经常无偿救人,百姓们都很喜欢她。

湄洲岛海域有很多礁石,船只从这里经过经常会撞到礁石。妈祖生于海边,自然也精通水性,所以她经常出海救人,许多人都被妈祖救过命。

有一次,一艘商船在湄洲岛附近的海域上撞到了礁石,海水涌进船舱,渔船即将淹没。海上风浪很大,渔民们都不敢下海救援,在危难之际,妈祖站了出来。只见妈祖在脚下找了几根小草,随手一扔丢进了大海,小草立刻变成了一排杉树做成的筏子,紧紧贴在了商船上,商船上的人就这样得救了。

妈祖救人的故事非常多,她的善良被苍天看在眼里,于是在她二十八岁这一年,她得到了成仙的机会。

那一年的重阳节,妈祖在家里焚香念经,然后对家里人说要登山远游,完成自己的心愿,并嘱咐家里人不要跟随。因为重阳节又名登高节,自古以来就有重阳登高的习俗,所以她的家人并没有多想。妈祖于是登上湄洲岛最高的山峰,踏上祥云,在大风的护送下飞上了天,正式从凡人变成了神仙。

龙博士知识点

从宋高宗时起至清代,历朝历代皇帝先后对妈祖进行过36次册封,爵位包括"夫人""妃""天妃""天后"等。

那之后湄洲岛的人经常能看到妈祖在天上飞,妈祖还经常显灵,帮助百姓。百姓们为了纪念她,就在岛上修建了妈祖庙,并在每年都会在她生日和升仙日这两天举行妈祖祭典。人们认为妈祖是海神,可以保佑每一艘出海的船,一些商船至今还保留着出海前要祭拜妈祖的习惯。

聪小明眨巴眨巴眼睛说:"妈祖能拥有神力,是因为她的父母都是好人,她能成仙,也是因为她为人善良。"

龙懒懒点头说:"没错,善良的人会被上天眷顾。"

聪小明继续问:"为什么重阳节是升天成仙的最好时间呢?龙懒懒,我还想听重阳节的故事。"

传说，东汉年间有一个瘟魔，每年九月初九都会出来作恶，百姓被它害得苦不堪言。这一年瘟魔让一名叫恒景的青年失去了父母，恒景也感染瘟疫差点没命。

大病初愈后，恒景决定去修仙，学习仙法打败瘟魔。功夫不负有心人，恒景在一座高山上找到了一位法力无边的仙人，并拜仙人为师。从此以后，恒景废寝忘食地苦练仙法和剑术，最终学有所成。

这天仙人送给了恒景一把可以降妖除魔的降妖青龙剑，并告诉他除掉瘟魔的时机到了，因为转天就是九月初九了，瘟魔又要出来作恶了。恒景下山时，仙人还送了他一包茱萸叶子和一坛菊花酒。

恒景回到家乡，正好是九月初九的早晨。他把家乡百姓都叫到了山上登高避难，并且给每人分了一片茱萸叶子，让每个人喝一口菊花酒。等到瘟魔出现，恒景和瘟魔大战起来，最终把瘟魔打败了。

很多人对重阳节的来历和习俗都不熟悉，但看完这一节关于重阳节的传说故事后，相信大家会在下一个重阳节来临时，叫上好朋友一起登高赏秋、感恩敬老。

重阳节和妈祖祭典都有哪些传统"食俗"？

今天龙博士真兴奋，不仅能吃到重阳节的特色美食，还能品尝到妈祖宴。

龙博士互动课堂

重阳糕： 吃重阳糕可以代替"登高"的习俗，寓意辟邪气、祈福、感恩。

菊花酒： 金秋时节菊花盛开，菊花酒被古人称为"不老方"，喝菊花酒寓意身体健康长寿。

妈祖寿面： 寓意恩泽绵绵，益寿延年。

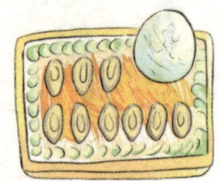

永保祥和： 莆田南日鲍加上蛋的装饰，寓意妈祖永远保佑普罗大众家庭和睦。

天妃赐子： 用红枣、花生、桂圆、莲子等熬成汤，寓意赐福送子，母子安康。

第九节 感恩创世女神，展示民俗文化
——女娲祭典

神话传说里，女娲创造万物，孕育生命。在她身上，既能感受到大地的博大宽厚，也能感受到上天的包容万物，这种精神沿着中华文明的脉络代代传承。

女娲是上古神话中的创世女神，也被称为大地之母。古代流传下来的神话中有许多和女娲相关的故事，最著名的当属女娲造人和女娲补天了。

龙博士知识点

茅塞顿开是汉语成语，意思是堵塞在心里的茅草忽然被打开了。形容由于受到了某种事物的启发，忽然想通了。

相传在天地开辟之初，世界上是没有人和动物的。有一天女娲在黄河边散步，她看着河水，感觉世界上已经有了山川湖海，也有了植物，但似乎还缺了点什么，显得太寂静了。女娲看着河中自己的倒影，茅塞顿开，知道这世界上少了像自己一样的生命。

女娲在河边挖了泥土，捏了一些和自己相似的小东西。那些小东西有五官、有四肢。她捏好后施展神力，那些小东西就有了生命，围着女娲叽叽喳喳地说起话来。女娲给有了生命的小东西取名叫"人"。

为了让这个世界充满生机，女娲日复一日地捏泥人，但这样工作效率太慢了。于是女娲用绳子沾满了泥浆，随手一甩，泥浆落在地上就立刻变成了小人儿。为了减少造人的工作量，女娲安排了男女婚嫁，让人类可以自行繁衍后代。

"女娲造人"神话的诞生，其实与女娲改革婚姻制度的功绩有关。古代人不懂科学，"杂婚制"是最早的婚姻模式，这种婚姻模式导致人们近亲结婚，后代患有遗传病概率增加，很容易被自然淘汰。相传女娲成为部落首领后，改革原有的婚姻制度，规范婚姻模式，让部落中诞生的新生儿患遗传病概率大大降低。

为了歌颂女娲伟大的功绩，民众创造了"女娲造人"的神话，并修建娲皇宫和女娲庙来祭祀她。她既是创世女神，也是婚姻之神，如今有些地区还保留着去女娲庙求姻缘的民俗。

听了龙懒懒的故事后，聪小明说："那'女娲补天'的神话背后又隐藏着什么故事以及传统民俗呢？"

龙懒懒继续讲起了女娲补天的故事。相传某一天水神共工和火神祝融打了起来，共工战败，一怒之下撞倒了作为天地支柱的不周山。不周山倾倒，天空摇摇欲坠。天塌之后，天火和陨石不断地从天上的大洞砸下来，地上也开始洪水泛滥，海里的黑龙和东海神龟等凶兽也出来作乱。面对这样大的灾难，人类没有办法自救，只能四处逃窜，世界一片生灵涂炭。

女娲炼制了五色石，把天上的

破洞一点点补了起来。

她除掉了凶兽，用凶兽的四只脚顶住苍天，最后又积累了许多芦灰阻挡住洪水。最终天地万物恢复平静，女娲成功

龙博士知识点

共工是中国古代神话中的水神，和女娲一样长着人脸蛇身。祝融是中国神话中的火神，他兽面人身，至于长得像哪种凶兽，神话中并没提到。

化解了这次危机。

五色石料和芦灰都是早期治理洪水的必需品。与其说女娲炼制五色石是为了补天，不如说是为了治水。

对于从事农耕的华夏儿女来说，女娲治理洪水无异于神迹，它反映了女娲时代农耕文明的繁荣场景。

为了纪念女娲的治水功绩，百姓每年正月都会庆祝"天穿节"。在这天人们会制作烙饼抛到自家屋顶，象征补天。

女娲传说及与其有关的婚嫁、生育、人生礼仪、岁时节庆等民俗事象构成了其特有的民间文化现象，历史悠久。关于她的传说亘古流传，经久不衰。女娲文化对华夏儿女的影响很深远，每年人们都会不定期举办女娲祭典。

龙博士知识点

生灵涂炭是汉语成语,意思是人民陷在泥塘和火坑中,形容人民处于极端困苦的境地。

女娲祭典都有哪些传统"食俗"？

古代人的食谱受季节限制，龙博士听说如今女娲祭典的举办时间不固定，吃的东西也不同。

饸饹：传说女娲最爱吃掺有榆皮面的饸饹，寓意祈福纳祥，吉祥如意。

补天饼：吃补天饼是为了庆祝补天成功，寓意人们要像女娲一样博爱仁慈。

锅盔：锅和天外形相似，制作锅盔的过程也和补天相似，寓意人们要像女娲一样造福自然。

荠菜煮鸡蛋：荠菜和"聚财"发音类似，所以吃荠菜寓意聚财，发财运。

第十节　祭祀神灵、祈求丰收的传统节日
　　　　　——腊八节

　　俗话说"过了腊八就是年"。腊八节吹响了集结号，拉开了新年的序幕，让人们对春节的期待值达到顶峰。

　　每年农历十二月初八是我国的传统节日腊八节。腊八节也叫佛成道节，它的来历和释迦牟尼有关。

相传，佛教的创始人释迦牟尼是古印度迦毗罗卫国国王净饭王的儿子，他觉得众生遭受着生老病死的折磨，于是皈依佛门，开始苦修。

释迦牟尼在森林中苦修了六年，每天只吃一粒芝麻和一粒麦子。在这种艰苦的条件下，他逐渐领悟了世间真理：世上的人追名逐利，沉迷于声色犬马之中，这样过分地享乐固然是得不到解脱的；如执着于苦修，只能让身心俱疲，也不能有所觉悟。得到解脱最好的办法就是将享乐和受苦全都抛在一边。

声色犬马是汉语成语，泛指旧时统治阶级的淫乐方式，也称作"声色狗马"。

释迦牟尼觉悟后，就放弃了苦修，站了起来。他走到尼连禅河边清洗干净身上的污垢，但他在走路时却因为体力不支晕倒了。

就在这时，一个放羊的女子路过，见状赶紧给释迦牟尼喝了羊奶。释迦牟尼喝过羊奶后又有了力气，他蹚过河水走到对岸，来到一棵枝繁叶茂的菩提树下打坐思考。在农历十二月初八这一天，释迦牟尼终于领悟了佛道。因此腊八节也叫佛成道节。

"咕噜噜……"不知从哪里传来了一阵奇怪的声音吸引了龙懒懒的注意力。

聪小明捂着肚子，不好意思地笑着说："我有点饿了，对了，今天应该吃腊八粥吧？"

"我也想吃腊八粥了，但在吃饭之前，我们先听听腊八粥的来历吧。"龙懒懒说完，继续讲起了故事。

相传，腊八粥是明太祖朱元璋发明的。

朱元璋小时候家里很穷，他为了补贴家用，就帮财主放牛。但财主给的钱不多，朱元璋经常吃不饱饭。这一天，朱元璋像往常一样放牛。他饿得受不了了，就想找一些东西吃。可是荒山野岭，附近只有杂草，连一棵果树都没有。

就在朱元璋饥饿难耐时，他发现了一个老鼠洞。

朱元璋将手伸进了老鼠洞，掏了一会儿，

竟然从洞里掏出了大米、小米、黄豆、红豆、红枣等八种食物。朱元璋如获至宝，十分高兴，立刻将这些食物清洗了一下，放进锅里煮成了一锅粥。朱元璋已经很久没有吃过饱饭了，他觉得煮出来的粥是天底下最可口的美味。

龙博士知识点

如获至宝是汉语成语，意思是好像得到极珍贵的宝物，形容对所得到的东西非常珍视喜爱。

朱元璋当上皇帝后，每天吃的都是山珍海味，难免会觉得腻烦。有一天他突然想起了儿时的趣事，于是让御厨制作儿时记忆中的粥。朱元璋吃到粥后十分高兴，御厨也受到了奖励。但食物总得有个名字，叫"耗子食粥"太不雅了。那天刚好是腊八节，于是御厨就把这种粥取名为腊八粥。

每年腊八节，人们都会开始置办年货。虽然冬日寒冷，但过年的气氛一天赛过一天，人们的热情足以抵御严寒。

大家品尝腊八粥时，可千万别忘了为即将到来的春节做好规划哦。

腊八节都有哪些传统"食俗"？

腊八粥：腊八粥原材料丰富多样，吃腊八粥寓意勤俭节约，盼望来年五谷丰登、衣食无忧。

腊八蒜："蒜"与"算"同音，经商的老板会在年底盘算一年的收支。如果不好意思要债，就送欠债人腊八蒜，寓意该算账了。

腊八冰：人们相信腊八节吃冰，未来的一年不会肚子疼。

非遗门类	项目序号	项目编号	子项
民俗	449	X-1	春节等
民俗	978	X-71	元宵节等
民俗	450	X-2	清明节等
民俗	456	X-8	傣族泼水节
民俗	451	X-3	端午节等
民俗	452	X-4	七夕节等
民俗	453	X-5	中秋节等
民俗	454	X-6	重阳节等
民俗	484	X-36	妈祖祭典等
民俗	486	X-38	秦安女娲祭典等
民俗	1548	X-174	腊八节习俗

截至2022年7月12日，国家级非物质文化遗产代表性项目共计1557个，按照申报地区或申报单位统计，共计3610个子项。同名项目共享同一个项目编号，详见中国非物质文化遗产网·中国非物质文化遗产数字博物馆。

参考文献

[1] 李林静. 中国传统节日故事 [M]. 北京：北京教育出版社，2019.

[2] 弘智. 中国节日故事 6-10 岁 [M]. 北京：朝华出版社，2017.

[3] 徐祯卿. 剪胜野闻 [M]. 呼和浩特：内蒙古人民出版社，2001.

[4] 宗懔. 荆楚岁时记 [M]. 太原：山西人民出版社，1987.

[5] 袁静雪. 我的父亲袁世凯 [J]. 集萃，1985.

[6] 韩婴. 韩诗外传 [M]. 北京：团结出版社，2020.

[7] 庄适. 新序说苑 [M]. 北京：商务印书馆，2020.

[8] 袁珂. 中国故事：华夏民族的传说与神话 下 [M]. 成都：四川人民出版社，2019.

[9] 沈括. 梦溪补笔谈 [M]. 北京：中华书局，1985.

[10] 孟元老. 东京梦华录 [M]. 北京：中国书店出版社，2019.

[11] 刘义庆. 世说新语 [M]. 北京：中国友谊出版公司，2020.

[12] 刘安. 淮南子 [M]. 哈尔滨：北方文艺出版社，2018.

[13] 吴均. 续齐谐记 [Z]. 金溪王氏，1912-1949.

[14] 李昉等. 太平御览 [M]. 北京：中华书局，2010.

"遗"脉相传 ②

生生不息的传统技艺

魏景旭 ◎ 著

钢琴节奏 ◎ 绘

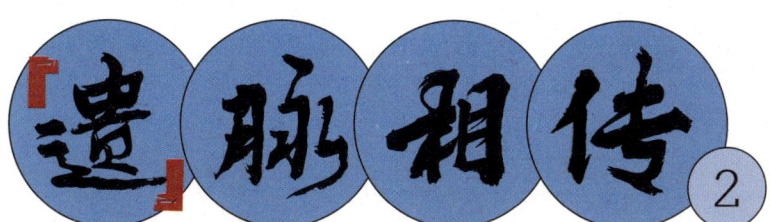

天津出版传媒集团
天津科学技术出版社

目录

04 第一节 中国『瓷都』的宝藏——景德镇手工陶瓷

13 第二节 一块布的温柔蜕变——白族扎染技艺

21 第三节 厨房中的非遗——酿醋技艺

29 第四节 传承千年的文房四宝之一——宣纸制作技艺

37 第五节 喜庆节日的最佳拍档——烟花爆竹

45　第六节　天空中的东方色彩——风筝制作技艺

53　第七节　闻名世界的中国非遗——唐三彩制作技艺

63　第八节　油腻腻、金灿灿的非遗——烤鸭技艺（全聚德）

71　第九节　舌尖上的非遗——火腿制作技艺（金华火腿）

79　第十节　人生可以用这种食物的制作过程比喻——豆腐传统制作技艺

第一节 中国"瓷都"的宝藏
——景德镇手工陶瓷

青花瓷不仅是中国瓷器的代表，更是中华文明的符号。当素白的瓷器与青花颜料结合，当釉料与热烈窑火相遇，瓷器便被赋予了生命。

青花瓷起源于唐代，但第一个故事却发生在现代。

1998年，渔民在印度尼西亚勿里洞岛附近海域发现了大量的陶瓷，并且勘查到了一些木船构件。由此推测附近一定有沉船。

于是，德国的"海底探索"公司开始寻找和定位沉船，用了大约一年时间，发现了唐代中晚期沉船"黑石号"，并且在沉船中发现了三件青花瓷。

这些青花瓷器做工粗糙，由此可见，当时的青花瓷烧制技艺还很稚嫩，与后来的青花瓷相比，这些唐代的青花瓷可以算是"青春版"。

听了龙懒懒的话，聪小明说："唐朝之后就是宋朝，宋朝时青花瓷烧制技术一定有了很大的提升吧？"

龙懒懒摇了摇头说："宋朝人的审美更朴素，所以青花瓷并没有得到较大发展。宋朝之后的元朝，青花瓷烧制技艺才开始飞速发展。"

提到元朝的青花，就不得不说鬼谷子下山的故事。

鬼谷子有两个徒弟，其中一个是孙膑，另一个是庞涓。两人在孙膑39岁时跑到鬼谷子隐居的山上求学，鬼谷子收两人为徒后，教授了他们不同的技能。

鬼谷子

战国时期传奇人物，著名谋略家，纵横家的鼻祖，兵法集大成者，诸子百家之纵横家创始人。

孙膑

战国时期军事家，与庞涓师出同门，拜师鬼谷子。后被庞涓迫害，遭受膑刑，落下残疾。著有《孙膑兵法》。

6年后，孙膑下山去了齐国，成为齐国谋士，但他在齐国与燕国的战争中被燕国抓捕，成了俘虏。为了救出孙膑，齐国的使节就跑去求鬼谷子出山。鬼谷子本就钟爱孙膑，为了救出爱徒，鬼谷子答应下山，并成功救出了孙膑。

这一故事被元朝的艺术家以图画的形式，涂染在了青花图罐上。于是，文物拍卖界中的传奇——元青花鬼谷子下山图罐便诞生了。该文物在2005年的拍卖会上，以折合2.3亿元人民币的价格成交。

除了元青花鬼谷子下山图罐外，拍卖界还有另一个传奇，那就是元青花萧何月下追韩信图梅瓶，它在2011年以约合7.1亿元人民币的价格成交。

听了龙懒懒的话，聪小明惊讶地张大了嘴巴，他数了半天，都没数过来7亿有几个0。

聪小明决定不去想了，他继续问："那今天的主角——景德镇手工陶瓷什么时候登场呢？"

龙懒懒笑着回答道："明洪武年间，景德镇御窑厂成立了。"明洪武时期，青花瓷的发展迎来了第二个小高潮，但真正让青花瓷走向世界的，却是永乐帝。

永乐帝可是青花瓷的铁杆粉丝,而他之所以对青花瓷的发展做出了巨大贡献,全归功于他让郑和下西洋的决定。

龙博士知识点

永乐帝

朱棣,明朝第三位皇帝。他与明朝第二位皇帝建文帝朱允炆是叔侄关系,早期被封为燕王。朱允炆继位4年后,朱棣造反。

郑和下西洋:明朝历史事件,首次航行始于1405年,末次航行结束于1433年,共计7次。

明永乐三年的1405年，郑和开始第一次海上航行，前后共下西洋7次。每次下西洋，郑和的船队都会携带大量景德镇生产的青花瓷。这也是中国历史上首次以国家名义，大规模地将瓷器文化传播到海外。

青花瓷在海外大受欢迎，景德镇青花瓷生产业受到刺激，民窑的生产技术也快速进步，景德镇瓷业空前繁荣。

这次国际贸易不仅给景德镇带来了收入，也让景德镇青花瓷正式在国际社会上拥有了地位，并且迅速崛起，风靡全球。

如何作景德镇手工陶瓷?

青花瓷的制作工艺十分复杂,今天分享的是简易版的制作方法。

1 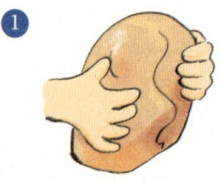 揉泥,排出气泡。

2 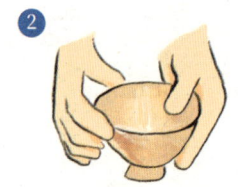 制作出坯体(碗)的大致模样。做好的粗坯要阴干。

3  将半干的粗坯置于土制模具上按拍,这一步叫印坯。下一步是修坯,工艺流程是将阴干的坯子放在电动转台上修底和抛光。

4 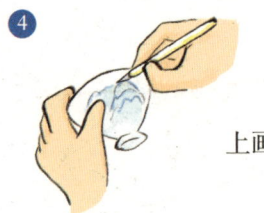 在坯体上画出图案。

5  上釉。

6  用1330°C的高温烧制10小时左右。经过12~18小时自然冷却,青花瓷碗就制作完成了。

第二节 一块布的温柔蜕变
——白族扎染技艺

白族扎染技艺是扎和染的巧妙结合,当打结的织物在染料中浸泡几次后,美丽的花朵或其他富有美感的图案便在织物上安了家。

扎染有着悠久的历史。

早在东晋时期,绞缬工艺已在民间流传。

龙博士知识点

"六朝"：分别是三国吴（或称孙吴、东吴）、东晋、南朝宋（或称刘宋）、南朝齐（或称萧齐）、南朝梁、南朝陈（或称南陈）。

绞缬（xié）：一种把布料进行扎结，防止局部染色而形成预期花纹的印染方法。

创作于该时期的《搜神后记》中记载着这样一个故事。

淮南郡有一个姓陈的人,这天他在田地里种豆子,忽然看见两个女子。这两个女子身材和容貌都很出众,上身穿着用丝帛做成的紫色衣服,下身穿着青布裙子。当时天空正在下雨,但雨水落在她们身上,竟然没有将她们的衣服淋湿。这位陈姓的男子家中的墙壁上挂着一面铜镜,他取来铜镜,通过铜镜观察那两名女子,但他并没看见女子,只看见两只小鹿。

这个故事看起来十分魔幻,但其实表达的是当时已经开始流行鹿胎缬扎染技艺了。故事通过夸张和魔幻的手法,表现了当时鹿胎缬染技术的传神与流行。

龙博士知识点

鹿胎:原是花名,由于其紫花有白点,酷似梅花鹿而得名。鹿胎缬又称鹿胎,是中国古代丝织物名。

龙博士知识点

织染署：官署名，负责织作布帛与染色事物，元朝后该机构被废除。

张萱

唐代画家，擅长描绘贵族仕女、宫苑鞍马。著名作品有《捣练图》《虢国夫人游春图》等。

听了龙懒懒的故事，聪小明感叹道："原来古人们那么早就开始研究服装艺术了！"

龙懒懒点头说："没错，到了唐代，人们对衣物的审

美进入了第一个鼎盛时期,那时的扎染服饰已经很普遍了。"

除了画家之外,他们还设立了织染署等机构,简而言之就是布匹的染色工坊。这个机构织染的布料专供宫中使用。然而,这个机构虽然听起来很厉害,但在这里工作的人并没有享受很好的福利——织染署供吃供住,但不发工资。

唐代画家张萱就创作出《捣练图》来记录就职于织染署的染织工人们的日常生活。

图中的女子们分工协作,分别负责捣练、络线、熨平、缝制。从画中可以看出,女子们的衣服有大圆圈纹,由此可见,当时扎染服饰普遍到地位低下的普通妇女也可以穿着了。

聪小明好奇地问:"白族人是什么时候学会扎染技术的呢?"

龙懒懒说:"别着急,听完下面这个故事你就知道了。"

在唐朝，洱海地区存在六个王国，乌蛮称王为诏，因此六个小国也叫六诏。其中一个叫南诏的小国得到唐朝支持，打败了依附于吐蕃的其他诏，统一的南诏国正式建立。但南诏的野心很大，想要统治更大的区域，于是和唐朝发生了矛盾。在吐蕃的协助下，南诏又打败了唐朝军队。

随后南诏迅速发展，纺织技术大幅提升，唐朝的扎染技

龙博士知识点

吐蕃（bō）：古代由藏族在青藏高原建立的政权，它是中国西藏历史上第一个有明确史料记载的政权。

艺也传入当地。

与此同时，白族也迎来了重要的发展时期，并在这个时期创造了辉煌的白族文化。

从中国最早的佛教连环画卷《南诏图传》中人物的衣着服饰来看，当时的大理地区已经掌握了扎染技艺。

随着时代的发展，白族扎染技艺已经达到了很高的水平，市场需求不断增加，白族扎染技艺也受到了市场经济的影响。但是，朴素的白族人没有让扎染技艺工业化，而是始终坚守初心，将这项传统技艺逐代传承。

如何制作扎染？

今天龙博士要利用不穿的旧衣服制作扎染。

①

将白色的旧衣服浸湿并拧干。

②

将衣服折叠多次，并且用橡皮筋固定。

③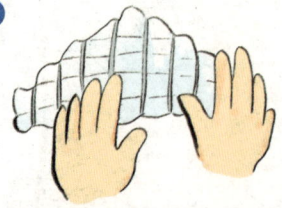

将染料滴在衣服上，随意发挥，翻面后重复这一步骤。

④

放进封口袋中密封保存24小时。

⑤

用固色剂浸泡10分钟，洗掉浮色，最后晾干。

第三节 厨房中的非遗——酿醋技艺

柴米油盐酱醋茶虽然不如琴棋书画雅致,也不如诗和远方隽永,但有它们调味,生活才不会枯燥乏味。

提到醋,我们首先能想到"吃醋"一词。关于这个词的来历,有这样一个故事。

唐太宗即位后，想赏赐给大臣们一些礼物用来笼络人心。他发现一个叫任瑰的官员家中只有妻子，连小妾都没有，于是赏赐给任瑰两个侍女，服侍任瑰。

这两个女子年轻貌美，因此很快就成了任瑰妻子柳氏的眼中钉。柳氏经常找这两个侍女的麻烦，不是打就是骂。但即使这样，她还是不解气，有一次她想了个坏主意，剪掉了两个侍女的秀发。

任瑰回到家中发现两个侍女竟然变成了"秃子"，虽然生气，但也拿柳氏没什么办法。不久之后，这件事传到了宫中，唐太宗十分生气，立刻下旨将柳氏叫到了宫中。

唐太宗指着准备好的一壶"毒酒"告诉柳氏:"如果你能改掉妒忌的毛病,可以不喝这壶'毒酒';如若不然,你就把这壶毒酒喝了吧。"

唐太宗原以为柳氏会因为害怕而不再妒忌侍女,但柳氏性情十分刚烈,竟然直接抱起酒壶将"毒酒"一饮而尽,谁知柳氏喝下"毒酒"后竟然安然无恙。

原来酒壶里装的并不是毒酒,而是香醋。唐太宗见柳氏连死都不怕,自己也没有办法了,只能另行安置那两位侍女。

龙博士知识点

安然无恙是汉语成语,原指人平安没有疾病,现泛指事物未遭损坏或人身并无损伤。

讲完了吃醋的故事后,龙懒懒接着说:"接下来我要讲苦酒的故事。"

聪小明立刻好奇地打断他:"我们今天要了解醋的故事,你不要跑题啊。"

龙懒懒笑着说:"不要误会,苦酒是醋的别称。"

西晋有一个叫陆机的名臣。这天,他将一条别人送给他的用盐和米粉腌制的鱼,转送给了另一位叫张华的名臣。他们品尝这条鱼时有很多宾客在场。张华打开盖子,指着鱼肉说:"这是龙肉。"在场的人都觉得张华在胡说八道,都不相信他。张华继续说:"请用'苦酒'浇在鱼上,必定会出现异象。"有人用苦酒浇在了鱼身上,随即五色的光升起,十分神奇。陆机回家后,问送给自己腌鱼的人是

怎么回事。对方告诉陆机,那条鱼就是一条白鲦。

这个故事记载于《晋书·张华传》。之所以断定故事中的苦酒是醋,原因是苦酒在当时既指酿造失败的酸酒又指醋,而陆机和张华都是有头有脸的人物,不可能喝劣质的酸酒。因此文中的苦酒,只有可能指的是醋。

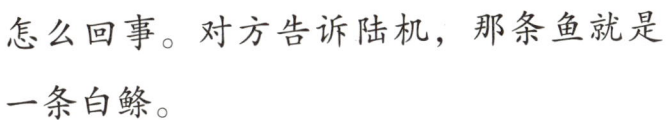

龙博士知识点

《晋书》是中国的"二十四史"之一,共有21位作者。

龙懒懒刚说完,就看到聪小明正在发呆,嘴角还流出了口水。

"喂,你在想什么呢?"龙懒懒拍了拍聪小明的肩膀问。

聪小明擦掉口水,不好意思地说:"我刚才想到糖醋鱼了。对了龙懒懒,我听说醋还有药用价值呢,是真的吗?"

龙懒懒点头说:"是真的,李时珍就在《本草纲目》中写道:'汤火伤灼,即以酸醋淋洗,并以醋泥涂之甚妙,亦无瘢痕。'历史上还有醋药用的记载呢。"

古代笔记小说集《北梦琐言》中记载着这样一个故事。

有一位少年,酷爱吃生鱼片。有段时间,他总感觉有一面小镜子在眼前晃动,便让医生赵卿帮他看病。赵卿和少年约好,说第二天请他吃生鱼片,少年如期赴约。但赵卿说有客人在,让他等候一下。

随后赵卿离去，少年面前摆起了一张桌子，上面只放了一小盆醋。

少年等了很久，赵卿都没送客。少年饿得不行，闻到醋的香味，忍不住喝了几口。奇怪的是，少年喝完了所有醋，也不感觉眼前有小镜子了。这时候，赵卿才走出来告诉少年，说他吃了太多生鱼片，鱼鳞留在胸中，所以才会眼花。他约青少年吃生鱼片是假，诱导他喝下醋才是真。

虽然故事中古人的病被醋治好可能只是个巧合，但这种美味又健康的调味品谁能拒绝呢？

龙博士知识点

《本草纲目》作者是明朝伟大的医学家李时珍，创作目的是修改古代医书中的错误。

如何酿醋？

龙博士准备了很多大米，准备酿醋。

❶

将大米淘洗干净，捞出备用。

❷

烧一壶热水放凉。

❸

将大米炒成咖啡色，放凉备用。

❹

用白酒给容器杀菌消毒，再将炒好后的大米和少量白糖（比例为10∶1），连同适量苹果丁放进容器，加入凉白开，放置于阴凉处密封发酵15天以上。

第四节 传承千年的文房四宝之一
——宣纸制作技艺

当笔墨款款落下,薄如蝉翼的宣纸就成为书画的媒介,承载起了厚重的中国历史与文化。

说到宣纸,不得不提中国四大发明之一的造纸术。《后汉书·蔡伦传》中记载了造纸术的故事。

东汉时期的奏折是用竹简和木片做的，又重又多，每次皇帝批阅奏折时，面前的竹简都会堆积成一座小山。有一位名叫蔡伦的太监，觉得这样十分不方便，于是就开始琢磨制作出便于书写的材料，取代笨重的竹简和木片。

龙博士知识点

《后汉书》：历史类文学作品，记录了公元25年到公元220年的史事。

蔡伦

东汉发明家。麦克·哈特的《影响人类历史进程的100名人排行榜》中，蔡伦排在第七位。

其实早在西汉，纸已经被发明出来了。考古学家在西安灞桥西汉古墓中发现的一叠"灞桥纸"就说明了这一点。

但那时造纸的原料少，成本太高，纸张不易普及。蔡伦便想着寻找材料来源广、制作成本低的方法，来改进造纸术，从而让纸取代竹简和木片。

有一次，蔡伦在游玩时发现河里漂浮着树皮和烂麻，它们被水浸泡，已经开始腐烂，但树皮和烂麻中的纤维却依旧完好。蔡伦从中得到灵感，决定用树皮和麻纤维造纸。

经过多次实验，蔡伦终于用树皮、麻布、破渔网为原料，经过浸泡、捣烂等工艺流程，制作出了成本低的纸。这种新型纸和西汉时期的纸相比，改掉了粗糙的缺点，而且更加轻薄。改进后的纸成本低、质量好，很快就得到普及。

听了蔡伦造纸的故事后,聪小明说:"造纸术还登上过2008年北京奥运会开幕式呢!蔡伦真了不起,发明了宣纸。"

龙懒懒立刻摇头说:"错!蔡伦对宣纸的诞生做出了巨大贡献,但宣纸并不是他发明的。"

"宣纸"一词最早出现在唐朝,指的是宣城郡生产的纸,与现代宣纸不是同一种。现代宣纸的发源地是安徽省泾县小岭村,宋代的村民曹大三则被称为中国宣纸的鼻祖。

曹大三生于乱世,他曾数次从南陵虬川老曹家到泾县小岭村考察。小岭村一带虽然山多地少,但十分清静,水质和湿度都适合造纸,他因此迁居到小岭村。初期条件艰苦,但在他的带领下,族人们建立了造纸生产基地。

曹大三带领族人勤奋劳作,不畏艰难。他考虑到当时的

造纸原料贫乏，成本过高，于是决定用当地树皮做实验，直到选出最适合造纸的材料为止。族人们不断地研究和实验，终于确定选用青檀皮作为原料。除此之外，他们还在造纸工艺上进行了反复琢磨和实验，终于在元末明初时获得了成功，建立了完整的宣纸制作工艺流程。

我们现在能够买到既便宜质量又好的宣纸，曹大三可谓立下了汗马功劳。

如何制作宣纸？

❶
手工挑选青檀皮、沙田稻草等原料，捣碎，加入草木灰蒸煮。

❹
捞纸。

❷
将蒸煮过的材料放于朝阳山坡上日晒雨淋，自然炼白。

❺
晒干。

❸
将原料碾碎、浸泡、打浆，得到纸浆。

❻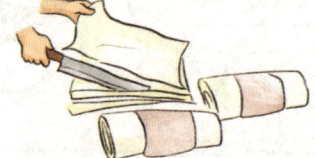
剪裁包装。

第五节 喜庆节日的最佳拍档——烟花爆竹

当爆竹炸裂，烟花在夜空中绽放光彩，声的力量与光的浪漫一同凝固下来，早已在人们心中酝酿的喜庆气氛在这一瞬间爆发，转化为欢声和笑语。

火药是烟花和爆竹的重要组成部分，和烟花爆竹有关的故事，必须要有火药的身影。

在中国古代，许多帝王都对长生不老之术痴迷不已，这就促使了一个职业的诞生——炼丹家。炼丹家的主要工作内容是炼制一些强身健体的丹药，以及有长生不老功效的丹药。

龙博士知识点

火药是中国四大发明之一，它传入欧洲后，推动了世界的发展和变革，对于人类文明有着重大的意义。

在多次的实验中，炼丹家们发现，硫黄和硝石同时碰到炭火，会产生激烈的反应。于是炼丹家们得出结论：硫、硝、炭这三种物质可以构成一种易燃的药物，这就是火药。

《孙真人丹经》内"伏火硫黄法"记载："硫黄硝石各二两，令研。右用销银锅或砂罐子入上件药在内。掘一地坑，放锅子在坑内，与地平，四面却以土填实。将皂角子不蛀者三个，烧令存性，以铃逐个入之。候出尽焰，即就口上着生熟炭三斤，簇煅之。候炭消三分之一，即去余火不用。冷取之，即伏火矣。"

龙博士知识点

硫黄和硝石都是可以用来治病的药物，因此火药最初真的只是"药"，其他用处是后来才被发现的。

听了龙懒懒的故事,聪小明激动地说:"火药被发明出来之后,爆竹也快被发明出来了吧?"

龙懒懒摇头说:"爆竹是在火药之前被发明出来的。"

"啊?"聪小明有些糊涂了。

龙懒懒继续说:"最早的爆竹只是用火烧竹子,在造纸术和火药相继发明后,用纸和火药制作的爆竹才出现。"

《中国实业志》记载:"湘省爆竹之制造,始于唐,盛于宋,发源于浏阳也。"浏阳人认为,唐代的李畋最早发明了爆竹。

李畋是个猎人,住在山上,他有一个邻居,是一位采药老头。这天两人相伴上山采药打猎,结果狂风大作,天降大雨。回到家后,老头一病不起。乡亲们认为老头被山魈的邪气侵袭,十分害怕山魈作祟。李畋想到爆竹能驱邪,于是点燃竹子驱赶山魈,山魈

受到惊吓就逃走。后来李畋不断改进爆竹，最终将造纸术和火药结合起来，研究出了威力更大的新型爆竹。

龙博士知识点

李畋(tián)

被认为是花炮始祖，每年农历四月十八日是他的诞辰，这一天浏阳、醴陵、上栗及湘赣周边从事烟花行业的人会聚集到李畋庙举行公祭大典。

山魈(xiāo)

是灵长目猴科动物，由于长得丑，在古代被认为是鬼怪，它很可能是"年"和"夕"这两种虚构怪物的原型。

至于烟花的历史，至今没有人能够找到准确的记录。不过可以确定的是，烟花在宋朝已经成为一项广泛的娱乐活动。

宋代学者周密在《齐东野语·御宴烟火》中记载过一种叫"地老鼠"的烟花。

书中写了这样一段故事：宋理宗在皇宫中设宴，席间燃放名叫"地老鼠"的烟花来助兴，结果"地老鼠"直接蹿到太后的座位下面，把太后吓得直接起身离开。

为了保护环境，烟花爆竹离我们越来越远，慢慢变成美好的回忆。

如何制作爆竹？

龙博士要醒大家，烟花爆竹要在大人的陪同下才能燃放！由于它是危险品，龙博士只教大家制作爆竹的外壳。

❶

将长方形的纸卷成圆筒，并用双面胶粘好。

❷

将长条状的金色锡箔纸粘在圆筒的上下两端。

❸

在圆筒上扎洞。

❹

多制作一些，并用红绳串起来。

第六节 天空中的东方色彩——风筝制作技艺

它可以是搏击长空的鹰,可以是腾云而起的龙,可以是破浪而行的鱼。只要有风,它就能飞向天空,展现自己的风采与姿态。它就是风筝。

现代人多把放风筝当成一种娱乐项目,但传说在西汉时,一个叫韩信的人却用风筝打过仗。

楚汉交战时期,项羽的军队驻扎在垓下,此时项羽的军队已经兵少粮尽,被韩信以"十面埋伏"之计重重包围。

为了击溃对手的心理防线,韩信让士兵用牛皮制作成了风筝,并在风筝上安置了竹笛,

龙博士知识点

十面埋伏既是历史典故也是汉语成语,意思是四面八方广布伏兵。

黑夜降临，韩信让人将所有风筝一起放飞。竹笛在风的吹动下，发出了凄凉的声音。韩信带领的汉军在竹笛的伴奏下，唱起了楚国的民歌。项羽带领的士兵们听到这样凄惨的家乡歌曲，斗志涣散。项羽听到四面楚歌，吃惊地说："汉军把楚地都占领了吗？为什么楚人这么多呢？"

龙博士知识点

四面楚歌既是历史典故也是汉语成语，比喻四面受敌、孤立无援。

项羽决定逃离汉军的包围圈,但苦于没有办法安置美人虞姬,只能含泪和虞姬诀别。著名的历史典故"霸王别姬"也由此而来。

项羽逃到了乌江边,打算渡河。此时乌江亭长划着小船对项羽说:"乌江以东的地界虽然很小,但怎么说也有数十万人,足够称王了,您快跟我渡河吧。"

然而项羽觉得自己无颜面对江东父老,于是没有上船。很快,汉军追兵到了,项羽把自己的宝马送给了亭长,自己与追兵厮杀。他杀了汉军数百人,自己身上也被伤到了

十多处。这时项羽看到汉军中有一位故人,他知道敌人高价悬赏自己的头颅,便自刎将自己的头颅送给了故人。

这就是历史上著名的垓下之战,风筝在这场战争中起了重要作用。

龙博士知识点

京剧曲目《霸王别姬》中,虞姬的结局是自刎,但历史上没有记载虞姬结局的书籍,虞姬自刎的结局是后人对当时战情分析后得出的最合理的结论。

听了龙懒懒的故事，聪小明惊叹道："哇，韩信真是太聪明了，竟然能利用风筝打仗。龙懒懒，那人们是从什么时候开始把放风筝当成娱乐活动的呢？"

龙懒懒说："造纸术发明后，风筝的制作材料就变成纸了，那时各种各样造型的风筝也相继出现了。"

风筝在古代有个好听的名字——纸鸢。在很多历史著作中，都有王公贵族放纸鸢的记载。在一些文学作品中，也有人物放纸鸢的情节。

《红楼梦》第七十回中，就描写过众人放风筝的情节——

这天,众人听到窗外的竹子上有响声,丫鬟出去一看,发现一个大蝴蝶风筝挂在了竹尖上。林黛玉认为,是有人为了放走晦气才放的风筝,她也打算放放晦气。众人听后,都开始准备放风筝。有人的风筝是凤凰造型,有人的风筝是大红蝙蝠,也有人放了七只大雁连在一起的风筝,贾宝玉则放了一只美人风筝。

由此可见,风筝的造型早在古代就已经有很多花样了。而且放风筝在古代不仅是一项娱乐活动,还有着特殊的意义呢。

龙博士知识点

《红楼梦》是中国四大名著之一,前八十回作者为清代曹雪芹,一般认为之后四十回作者为高鹗。

如何制作风筝？

现代风筝造型多变，十分抢眼，龙博士打算返璞归真，用垃圾袋做一只风筝，反向吸引放风筝的人的注意力。

❶ 准备一个干净的塑料袋，颜色随意。

❷ 准备四根竹签，用其中三根粘出一个直角三角形。

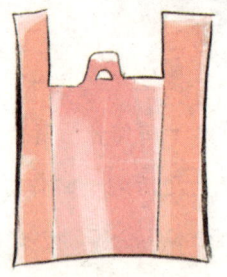

❸ 将第四根竹签垂直固定到最长边的中心点，并且将剪开的垃圾袋粘在风筝骨架上。

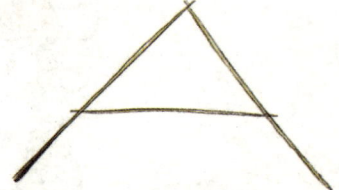

❹ 利用剩下的垃圾袋部分做成流苏尾巴，粘在风筝尾部。拴上风筝线后，一个简易又拉风的风筝就做好了。

第七节 闻名世界的中国非遗——唐三彩制作技艺

当素白的瓷器施上彩釉，在高温中融为一体，唐三彩浴火而生。轻抚唐三彩，诗意与柔情从指尖流入，闭上眼，便可以感受唐三彩中厚重的文化底蕴。

河南民间流传着这样一个有趣的传说。相传，唐朝有一个年轻的陶工，因为他烧制陶器的技艺高超，人送外号"陶哥儿"。为了制作出精美的陶器，陶哥儿经常翻山越岭，行走到几十里外的嵩山脚下采集制作陶器的原料——高岭土。

龙博士知识点

血盆大口是汉语成语,意思是野兽凶残吞噬的大嘴,也比喻剥削者、侵略者蚕食鲸吞的巨大胃口。

这天陶哥儿采完了高岭土,正要起身回家,突然听到求救声。陶哥儿闻声寻找,很快就发现了正在呼救的人,那是一个满头白发的采药翁。采药翁的面前有一条蟒蛇,此时此刻,双方正在对峙。就在陶哥儿发愣时,蟒蛇突然张开血盆大口,朝着采药翁冲了过去。

眼看采药翁就要被蟒蛇咬到,陶哥儿及时出手,拿出随身携带的大砍刀,朝着蟒蛇扔了过去。陶哥儿这一举动直接将蟒蛇斩杀,救下了采药翁,但对方也因为惊吓过度而晕了过去。好心的陶哥儿将采药翁背回了家,悉心照料,采药翁才终于醒了过来。

采药翁告诉陶哥儿自己病了,要想治好自己的病,需要上山采集四十九种草药并且调理四十九天。陶哥儿听后,立刻将这个任务揽在了身上。老人康复后,为了报答陶哥儿,便将自己的三女儿三彩许配给了陶哥儿。

两人结婚后，继续从事烧制陶器的行业。这天，三彩看着陶器觉得缺少美感，她建议陶哥儿把陶器加上颜色，制作得像霓虹和云霞一样漂亮。在三彩的协助下，陶哥儿制作出了彩色的马和骆驼，还有各种彩色的碗和壶。更神奇的是，这些彩陶竟然能听从三彩的口令，变成活物。

听到这儿，聪小明打断龙懒懒说："原来唐三彩是这样被发明出来的。"

龙懒懒继续说:"这只是河南民间流传的传说,唐三彩是陪葬用的物品,历史上几乎没有记载。"

"这么美的东西,为什么只能用来陪葬呢?"聪小明好奇地问。

龙懒懒继续讲起后半段故事。

有一天，武则天路过此地，当地的官员为了讨好女皇，将这些彩色陶器送给武则天。武则天看到后，对这些彩陶爱不释手，当即叫人把陶哥儿和三彩叫了过去，并且让他们表演将彩陶变成活物的魔法。

三彩一挥手，彩马和彩骆驼等陶器就动了起来，再一挥手，它们就重新静止。武则天看

龙博士知识点

武则天

武则天是中国历史上唯一正统的女皇帝,她称帝后妥善治理国家,重用人才。但她却因为重用酷刑,晚年豪奢专断而被人诟病。她死后立了一块无字碑,后人解读为功过交给后人评说。

着眼前的奇景拍手叫好，要把陶哥儿和三彩带回宫中。陶哥儿不愿意去宫中，但女皇的命令他又没办法拒绝。正在他觉得骑虎难下之时，三彩一挥手，彩马再次活了过来。三彩带着陶哥儿和所有彩陶翻身上马，直接飞到了天上。

原来那个采药翁是山上的药神，他看陶哥儿心地善良，才想办法考验他。药神把女儿嫁给陶哥儿，也是为了帮助陶哥儿烧制彩陶。

武则天回宫后，命令工匠烧制彩陶，但那些人并不能将彩陶变成活物。尽管如此，武则天仍旧把这些彩陶视为珍宝，只有皇

亲国戚死后才能用这些彩陶陪葬，寻常人是不可以拥有的。

唐朝被推翻后，唐三彩这种贵重的陪葬品也随之消失了，但当它重见天日后，它的光彩依旧被世人所惊叹。它是中国古代当之无愧的艺术标志！

龙博士知识点

骑虎难下是汉语成语，比喻做一件事情进行下去有困难，但情况又不允许中途停止，陷于进退两难的境地。

如何制作唐三彩?

龙博士今天要制作最常见的唐三彩马。

❶

准备好模具,制作出马的各个部位。

❷

将各个部位拼接黏合并修饰。

❸

不带釉彩,用1 100℃左右的高温烧制。

❹

涂上看上去差不多颜色,实际在高温下会变色的釉。

❺

用900℃的高温第二次烧制。

第八节 油腻腻、金灿灿的非遗——烤鸭技艺（全聚德）

提到北京美食，首先想到的就是北京烤鸭。北京烤鸭外焦里嫩、肥而不腻，吃上一口，回味悠长。当烤鸭与舌尖碰撞，一切美好都变成了此刻的沉醉。

我们现在吃的烤鸭多是通过挂炉技艺烤制的，但这种技艺最初是宫廷的专利。

乾隆皇帝就是烤鸭的"狂热粉丝"。乾隆三十年的《江南节次照常膳底档》中记载，从正月十七到正月二十五的九天中，乾隆皇帝的餐桌上天天都有烤鸭。

龙博士知识点

乾隆

清高宗爱新觉罗·弘历的年号是乾隆，他是清朝的第六位皇帝，也是中国历史上最长寿的皇帝。

真正让挂炉烤鸭从宫廷走向民间的,正是今天的主角——全聚德。

全聚德创始于清朝,创始人叫杨全仁。杨全仁是河北人,在他十几岁时,他的家乡遭遇水灾,于是来到北京谋生。在创建全聚德之前,杨全仁打过零工,卖过活鸡活鸭。后来附近一个名叫"德聚全"的干果铺经营不善倒闭了,他便用积蓄盘下了那家店,并且将店名调转过来,取名"全聚德"。

名字定下来后,杨全仁便开始苦心经营这家店铺。为了做好烤鸭,他向周边的烤鸭店学习,取众人之所长,并且参照了宫廷挂炉烤鸭的技法。挂炉烤鸭走向民间,让原本只吃过焖炉烤鸭的老百姓品尝到了宫廷中的美味。很快,杨全仁的生意便红火了起来。为了让生意更上一层楼,杨全仁还请来了专门为宫廷制作烤鸭的孙师傅。

龙博士知识点

更上一层楼的意思是又前进了一步,比喻在已取得的成绩的基础上再提高一步。

孙师傅是从清宫御膳房包哈局出来的,他掌握着宫廷烤鸭的全部技术。他将原来的烤炉改造成可以容纳十几只鸭子的挂炉,这样烤鸭不仅效率提高了,色泽和口味也得到了提升。

挂炉烤鸭走进民间后,深得老百姓的喜爱,但全聚德的故事还在延续。

为了丰富菜品,全聚德将烤鸭片皮后的部分切丝回炉,做成鸭丝烩掐菜;将鸭油做成鸭油蛋羹;将骨架做成鸭骨汤;再加上烤鸭,这就是"一鸭四吃",也是全鸭席的

雏形。后来，全聚德店铺面积扩大，烹饪的美味也不仅仅局限于烤鸭，火燎鸭心、芥末鸭掌、盐水鸭肝等经典菜肴相继问世。

龙博士知识点

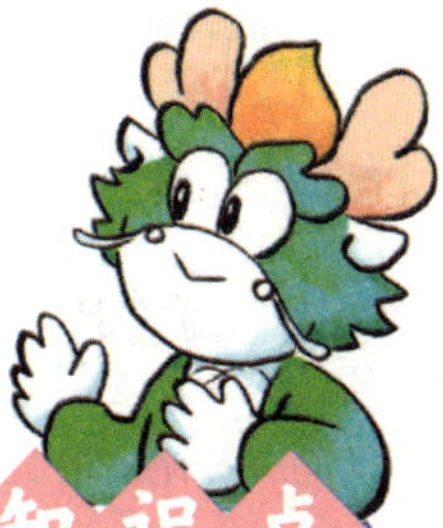

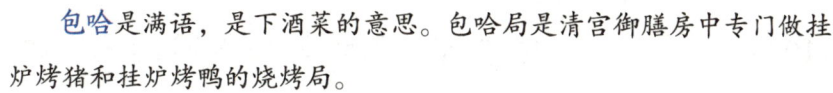

包哈是满语，是下酒菜的意思。包哈局是清宫御膳房中专门做挂炉烤猪和挂炉烤鸭的烧烤局。

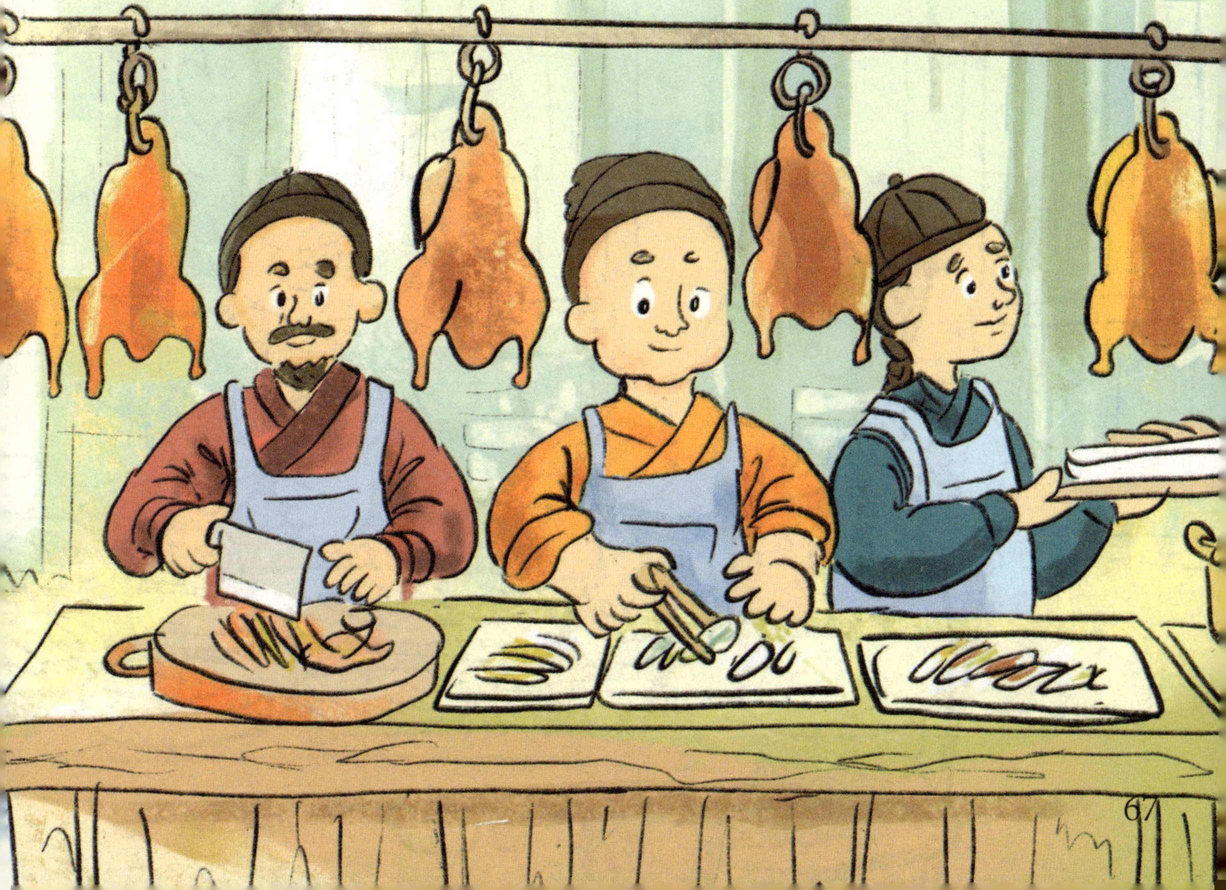

听了龙懒懒的故事，聪小明的口水都流出来了，他擦掉口水继续问："上次去全聚德，我看到墙上挂了好多老照片，照片中的外国人似乎也很喜欢全聚德烤鸭呢。"

龙懒懒继续说："没错，全聚德烤鸭不仅俘获了中国老百姓的心，也征服了外国人的胃。"

1974年，尼克松辞职后，福特继任美国总统。福特上任后，让老布什出任美国驻英国或法国大使，但老布什却选择来到中国。

老布什来到中国后，这位习惯开汽车的传奇人物融入了北京的生活，经常带着妻子骑自行车穿梭于北京的胡同。

老布什夫妇特别喜欢吃全聚德烤鸭，1995年，烤鸭还出现在了老布什夫妇的金婚大典上。

全聚德烤鸭备受古今中外的名人的喜爱，除了老布什之外，还有很多著名的外国领导人品尝过全聚德烤鸭，现在他们到全聚德用餐的照片还挂在全聚德店内的墙上呢。

如何制作烤鸭？

今天龙博士要教大家用烤箱制作烤鸭的方法。

❶

将生鸭子处理干净，剪掉鸭掌。

❷

用嘴给鸭子吹气，让皮、脂肪、瘦肉分开。

❸

用汤勺将热水淋在鸭子身上。

❹

将蜂蜜、白醋、酱油、料酒等调料混合，刷在鸭子身上，随后放到通风处晾晒7小时左右，其间多刷几次混合调料。

❺

200℃预热烤箱，并将鸭子放在烤架上。200℃烤1小时，再翻面烤半小时。

第九节 舌尖上的非遗——火腿制作技艺（金华火腿）

金华不仅有叶圣陶先生笔下的双龙洞，还有横店的明清宫苑；但提到金华，人们首先联想到的却不是这些风景名胜，而是肥瘦相间、凝如玉脂的火腿。

聪小明跟着龙懒懒走进金华火腿非遗馆,首先在这古色古香的建筑中看到了几只可爱的小猪。它们就是制作金华火腿的原材料"两头乌"。

在非遗馆的一楼，可以看见被称为金华火腿祖师爷的宗泽的雕像。

北宋末年，金人入侵中原。宗泽从老家金华带领了一批子弟兵抗金。将金人打败后，宗泽回到家乡，父老乡亲们听说了这个消息，拿来了很多猪腿，要让宗泽将这些礼物送给抗金的将士们。但是路途遥远，猪肉保质期又短，等到把猪腿带过去，早就变质了。宗泽想到了一个办法，用盐腌制猪腿，延长猪腿的保质期。没想到经过腌制的猪腿更加美味。

龙博士知识点

宗泽

字汝霖，他和岳飞一样，都是宋朝抗金名将。

后来宗泽将腌制的猪腿进贡给朝廷，皇帝吃后赞不绝口，见猪腿肉红得像火一样，就赐名金华火腿。

龙博士知识点

赞不绝口是汉语成语，意思是赞美的话说个不停，形容对人或事物十分赞赏。

跟随龙懒懒来到非遗馆的二楼，聪小明在展柜中看见了很多杂志和古籍，他被其中一套名为《燕山草堂集》的古籍吸引。

龙懒懒说："这本书中也记载了金华火腿的故事哦。"

到了明朝，美味的金华火腿已经成为朝廷的贡品。明太祖朱元璋的孙子朱允炆就非常喜欢吃金华火腿。

朱元璋病逝后，因为长子，也就是太子朱标早逝，所以便由朱标的儿子朱允炆继承皇位。朱允炆尚且年轻，他和亲信大臣们担心燕王朱棣造反，便采取了一系列打压朱棣的措施。但这些举措并不能阻止朱棣夺取皇位，朱允炆登基后朱棣就起兵造反，这就是著名的靖难之役。

朱允炆的军事才能和谋略都不如朱棣，朱棣只用了四年时间，就结束了这场战争。战争结束后，朱允炆下落不明，有人说他在宫中自焚而死，但《明史·郑和传》中却记载说朱棣怀疑

龙博士知识点

靖难之役是明朝统治阶级内部争夺皇位的战争。朱允炆登基后，朱棣率兵造反，历时四年，以少胜多。朱棣登上皇位后不承认建文年号，复称洪武三十五年，一年后改年号为永乐。

《明史》是二十四史中的最后一部，共三百三十二卷，作者署名是张廷玉。

朱允炆逃到了海外，于是让郑和下西洋寻找朱允炆踪迹。郑和下西洋时还带了很多金华火腿，考古学家们在当时的船只残骸上发现了金华火腿的猪骨头。

《燕山草堂集》中记载，朱允炆并没有自焚而死，他战败后逃到了云南，在云南期间，他吃到过大臣进献的金华火腿，还感叹着说，已经三年没吃过了。

聪小明和龙懒懒继续参观，很快就发现了一幅名为《姑苏繁华图》的画卷。

聪小明指着其中一处大喊："龙懒懒，我看到金华火腿啦！"

龙懒懒带着聪小明继续参观，很快他们又发现了墙壁上的《见闻杂纪》中记载的金华火腿的故事。

一个人收到了乡士大夫送的很多金华火腿，他将那些金华火腿乱七八糟地堆放在一起。有一天，他召唤木匠来家里干活，木匠干完了活，对他的家人说："我家里有小孩得了病，想要吃火腿，希望您能给我一小块。"他的家人听后，将一大只火腿赏赐给了木匠。

金华火腿非遗馆中的古籍中还记载着很多和金华火腿有关的有趣故事，但此时龙懒懒和聪小明已经走到了介绍金华火腿工艺流程的区域，他们决定先学习如何制作金华火腿，再继续翻阅古籍查看故事。

如何制作火腿？

金华火腿的制作工艺复杂，龙博士只挑选最具代表性的几步说。

❶
修割腿边，去除淤血，使之初步形成"竹叶形"腿坯。

❷
根据腿只大小、腿心薄厚、肉质粗细等情况，25～35天内共上盐6次。

❸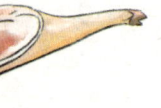
将火腿堆叠在一起压出血水，再在30天内重复上盐5次。

❹
洗干净盐分和污渍，将猪腿悬挂在通风良好、阳光直射的地方，发酵6～8个月。

❺
用专用竹签在火腿特定部位插入拔出，迅速闻其气味，根据气味定品级。

第十节 人生可以用这种食物的制作过程比喻——豆腐传统制作技艺

黄豆在石磨里经历粉身碎骨的灾难后，虽然失去了原本的形状，但却开发出了更多的价值。中国人和豆腐拥有一样的品质，不惧困难，熬过逆境，就能看到无限的风光。

提到豆腐，很多人都会想到豆腐西施，而西施则是生活在春秋时期的美女，大家就会误解豆腐起源于春秋战国时期。

《宋拾遗录》中记载："豆腐之术，三代前后未闻。此物至汉淮南王史传其术于世。"意思是淮南王刘安是豆腐的发明者。

龙博士 知识点

西施

春秋时期越国美女。西施为四大美女之首,其余三位分别是王昭君、貂蝉、杨贵妃。后人尊称西施为西子,"欲把西湖比西子"中的西子指的就是她。

刘安

西汉人,汉高祖刘邦之孙。他是西汉时期文学家,编撰过《淮南子》《离骚传》。

在前面的故事中,我们了解到古代帝王对长生不老之术有很大的执念,刘安也不例外。刘安为了炼出长生不老的丹药,招纳了数千名炼丹术士,其中有名且被史书记载的一共有八人。这八人被称为八公,他们炼丹的山被后人称为八公山。"八公山上,草木皆兵"中的八公山指的就是这里。这八位炼丹师经常用豆浆培育丹苗,因此豆浆也叫仙浆。

龙博士 知识点

八公山上,草木皆兵是历史典故,意思是将八公山上的一草一木都当成了士兵,形容极度恐慌,疑神疑鬼。

在一次炼丹操作时，豆浆与石膏相遇，仙丹没炼出来，反倒是把豆腐发明了出来。

后人在众多著作中，都提到过豆腐的发明者是刘安。叶子奇就在《草木子·杂制篇》中写道："豆腐始于汉。淮南王刘安之术也。"当然，最著名的史料记载当属明代李时珍的《本草纲目》，《本草纲目·谷部·豆腐》云："豆腐之法，始于汉淮南王刘安"。由此可以推测《淮南子》遗失的外篇中可能真的记载过刘安发明豆腐的故事。

听了龙懒懒的故事，聪小明打断他问："《本草纲目》不是医书吗？里面竟然记载过豆腐？"

龙懒懒说："是的，古代文化中药食同源，食物和药物并没有分得那么清。"

聪小明立刻期待地问："那你知道豆腐治病的故事吗？我好想听呀。"

"现代还真有豆腐'治病'的故事。"

1935年，齐齐哈尔市克山县暴发了一种可怕的疾病。这种疾病暴发之前没有任何征兆，一旦发病，一两天内患者就会死亡。最恐怖的是，这种病是群体发作的，最严重时一个村子一冬天就有几十人被夺走生命。这种疾病被命名为克山病。

龙博士知识点

克山病是一种比较罕见的心肌病，病因尚不明确。

当时的医疗水平落后，人们拿克山病没有办法，直到1953年，于维汉来到克山县，对疾病进行调查研究。为

了拯救病人，他日夜操劳，不断研究。经过三十几年的研究，他诊治了6 000多名患者，亲眼看见很多患者被病魔夺走生命，亲自主持了500多具遗体的解剖工作。

在做了几千场动物实验后，于维汉终于发现了当地人的身体中缺少一种叫"硒"的微量元素，这也是导致克山病暴发的原因之一。预防比治疗更重要，于是于维汉嘱咐当地村民多吃豆腐和豆制品。

龙懒懒刚讲完故事，就发现聪小明在一旁擦眼泪。

聪小明抽噎着说："刚才的故事有点沉重。"

"好啦，我再给你讲一个有关臭豆腐的故事吧，缓解一下心情。"龙懒懒说完，继续讲了起来。

清朝时期，有一个叫王致和的人，他家境贫寒，以卖豆腐为生。有一天，王致和照样挑起扁担要出门做生意，结果一个亲戚来到他家中，请他过去帮几天忙。

王致和跟着亲戚走了。几天后，他回到家里，立刻闻到一股刺鼻的臭味。他急忙去查看自己的豆腐，揭开豆腐上的布，发现雪白的豆腐早就变质长毛了。

王致和在贫困的家庭中长大，有勤俭节约的习惯。眼看豆腐不能卖给别人吃了，自己又舍不得扔掉，所以他尝试着吃了一块变质的豆腐。结果他发现豆腐吃起来不仅不臭，还有一种特殊的香味儿。于是王致和将豆腐上的毛刮

干净，又挑着这些豆腐售卖。这次意外让王致和与臭豆腐结下了缘分，他的生意越做越大，后来还有了自己的品牌。

除了臭豆腐之外，豆腐还能制作成其他美食。比如霉豆腐、麻婆豆腐。这些美食也都各自拥有有趣的传说故事。我们品尝美味时，不妨多留意一下店内是否有记载着美食来历的宣传牌。食物的美味和传说故事的趣味简直就是绝配。

如何制作豆腐？

龙博士在家找到了搅拌机，它准备好了黄豆，准备自己制作豆腐。

❶  将浸泡一夜的黄豆洗干净，磨成豆浆。

❷  豆浆用中火煮开，并冷却到80℃左右。

❸  加入适量石膏水或卤水，盖好盖子保温15分钟，等待豆浆凝结出豆腐花。

❹  将豆腐花倒进铺好纱布的模具中，用重物压2小时。

❺  揭开纱布，豆腐就做好了。

非遗门类	项目序号	项目编号	子项
传统技艺	357	Ⅷ-7	景德镇手工制瓷技艺
传统技艺	376	Ⅷ-26	白族扎染技艺
传统技艺	411	Ⅷ-61	清徐老陈醋酿造制技艺等
传统技艺	415	Ⅷ-65	宣纸制作技艺
传统技艺	436	Ⅷ-86	浏阳花炮制作技艺等
传统技艺	438	Ⅷ-88	风筝制作技艺等
传统技艺	877	Ⅷ-94	唐三彩烧制技艺
传统技艺	950	Ⅷ-167	烤鸭技艺等
传统技艺	949	Ⅷ-166	火腿制作技艺等
传统技艺	1346	Ⅷ-232	豆腐传统制作技艺等

截至 2022 年 7 月 12 日，国家级非物质文化遗产代表性项目共计 1557 个，按照申报地区或申报单位统计，共计 3610 个子项。同名项目共享同一个项目编号，详见中国非物质文化遗产网·中国非物质文化遗产数字博物馆。

参考文献

[1] 芬雷. 青花瓷的故事：中国瓷的时代 [M]. 郑明萱, 译. 海口：海南出版社，2015.

[2] 陶潜. 搜神后记 [M]. 杭州：浙江古籍出版社，1987.

[3] 刘昫，等. 旧唐书 [M]. 北京：中华书局，1975.

[4] 欧阳修，宋祁. 新唐书 [M]. 北京：中华书局，1975.

[5] 刘𫗦. 隋唐嘉话 [M]. 西安：三秦出版社，2004.

[6] 房玄龄. 晋书 [M]. 北京：中华书局，2015.

[7] 李时珍. 本草纲目 [M]. 汕头：汕头大学出版社，2018.

[8] 孙光宪. 北梦琐言 [M]. 北京：中华书局，2002.

[9] 范晔. 后汉书 [M]. 北京：中华书局，2012.

[10] 曹文诚，曹津宁. 曹氏宗谱. 天津市利民印刷厂.

[11] 曹天生. 中国宣纸史 [M]. 北京：中国科学技术出版社，2005.

[12] 葛洪. 抱朴子内篇 [M]. 北京：华龄出版社，2002.

[13] 实业部国际贸易局. 中国实业志. 实业部国际贸易局，1937.

[14] 喻咏槐. 花炮师祖 [M]. 昆明：云南民族出版社，2006.

[15] 周密. 齐东野语 [M]. 上海：上海古籍出版社，2012.

[16] 司马迁. 史记 [M]. 北京：中华书局，2011.

非遗门类	项目序号	项目编号	子项
传统技艺	357	Ⅷ-7	景德镇手工制瓷技艺
传统技艺	376	Ⅷ-26	白族扎染技艺
传统技艺	411	Ⅷ-61	清徐老陈醋酿造制技艺等
传统技艺	415	Ⅷ-65	宣纸制作技艺
传统技艺	436	Ⅷ-86	浏阳花炮制作技艺等
传统技艺	438	Ⅷ-88	风筝制作技艺等
传统技艺	877	Ⅷ-94	唐三彩烧制技艺
传统技艺	950	Ⅷ-167	烤鸭技艺等
传统技艺	949	Ⅷ-166	火腿制作技艺等
传统技艺	1346	Ⅷ-232	豆腐传统制作技艺等

截至2022年7月12日，国家级非物质文化遗产代表性项目共计1557个，按照申报地区或申报单位统计，共计3610个子项。同名项目共享同一个项目编号，详见中国非物质文化遗产网·中国非物质文化遗产数字博物馆。

参考文献

[1] 芬雷. 青花瓷的故事：中国瓷的时代 [M]. 郑明萱，译. 海口：海南出版社，2015.

[2] 陶潜. 搜神后记 [M]. 杭州：浙江古籍出版社，1987.

[3] 刘昫，等. 旧唐书 [M]. 北京：中华书局，1975.

[4] 欧阳修，宋祁. 新唐书 [M]. 北京：中华书局，1975.

[5] 刘䜣. 隋唐嘉话 [M]. 西安：三秦出版社，2004.

[6] 房玄龄. 晋书 [M]. 北京：中华书局，2015.

[7] 李时珍. 本草纲目 [M]. 汕头：汕头大学出版社，2018.

[8] 孙光宪. 北梦琐言 [M]. 北京：中华书局，2002.

[9] 范晔. 后汉书 [M]. 北京：中华书局，2012.

[10] 曹文诚，曹津宁. 曹氏宗谱. 天津市利民印刷厂.

[11] 曹天生. 中国宣纸史 [M]. 北京：中国科学技术出版社，2005.

[12] 葛洪. 抱朴子内篇 [M]. 北京：华龄出版社，2002.

[13] 实业部国际贸易局. 中国实业志. 实业部国际贸易局，1937.

[14] 喻咏槐. 花炮师祖 [M]. 昆明：云南民族出版社，2006.

[15] 周密. 齐东野语 [M]. 上海：上海古籍出版社，2012.

[16] 司马迁. 史记 [M]. 北京：中华书局，2011.

[17] 曹雪芹. 红楼梦 [M]. 广州：广东旅游出版社，2020.

[18] 佚名. 中岳风物故事 [M]. 郑州：河南人民出版社，1982.

[19] 张碧君. 烤鸭第一名店全聚德 [J]. 北京档案，1998.

[20] 义乌丛书编纂委员会. 义乌丛书 宗泽的故事 [M]. 上海：上海人民出版社，2017.

[21] 陈僖. 燕山草堂集 5 卷 [M]. 北京：北京出版社，2000.

[22] 张廷玉，等. 明史 [M]. 北京：中华书局，2015.

[23] 李乐. 见闻杂记 [M]. 镇江：江苏大学出版社，2018.

[24] 叶子奇. 草木子 [M]. 北京：中华书局，1991.

[25] 于维汉. 中国克山病 [M]. 哈尔滨：黑龙江科学技术出版社，2003.

[26] 李宝锟. 武清县志 [M]. 天津：天津社会科学院出版社，2004.